তবুও হেঁটে চলা

সন্দীপ পাল

ISBN 978-93-5458-919-5
© Sandip Paul 2021
Published in India 2021 by Pencil

Contributors:
Editor: Gopal Patra

A brand of
One Point Six Technologies Pvt. Ltd 123,
Building J2, Shram Seva Premises,
Wadala Truck Terminal, Wadala (E)
Mumbai 400037, Maharashtra, INDIA
E connect@thepencilapp.com
W www.thepencilapp.com

উৎসর্গ:-

কবিতা নির্বাচন করেছেন প্রিয় বন্ধু তাপস চক্রবর্তী।
তাপস চক্রবর্তী সহ আমার সকল বন্ধুদের উৎসর্গ করলাম
" তবুও হেঁটে চলা "

সমস্ত রকম এডিটিং পি'ডি,এফ পেজ পি'ডি,এফ ফাইল
মেকার -

স্ব- বাক প্রকাশনী

E-mail- bananipatra200@gmail.
com
Phone no -9143098660

তবুও হেঁটে চলা
সন্দীপ পাল

মুখবন্ধ
~~~~~~~

সাহিত্যের সাগর মাঝে একদমই নতুন মাঝি,তবুও ছোট্ট ডিঙি নিয়েই চলতে শুরু করেছি জীবনের মাঝপথে এসে।স্কুল জীবনের লেখারা স্কুলের আজও ম্যাগাজিনেই বন্দী। তার পর কেটে গেছে অনেক গুলো বছর,এলো ২০২০সালের ২৩সে মার্চ,পেলাম কর্মহীন অবসর,সময় কাটাবার জন্য লিখতে শুরু করলাম খাতার পাতায়,এক ফেসবুক বন্ধুর কথায় পরিচয় হল কিছু সাহিত্য গ্রুপের সাথে,সেইখান থেকে উৎসাহিত হয়ে,পুরোদমে লিখতে শুরু করলাম। এখনও চলছে লেখা কাজের ফাঁকে। বিভিন্ন সাহিত্য সংকলনে একটি দুটি করে আমার লেখা স্থান পেয়েছে,এর মধ্যে মন্থন সাহিত্য থেকে একটি যৌথ সংকলন "আটে অষ্ট কবি"তে আমিও স্থান পেয়ে ছিলাম।এর পরে অনেক প্রতিক্ষার পরে মন্থন সাহিত্য থেকে আমার একক কবিতা সংকলন ""দিগন্তের ক্ষীণ আলোয়"" প্রকাশিত হবে,১৯/১২/২০২১।
স্বচরিত সাহিত্যের সম্পাদক গোপাল পাত্র মহাশয়ের আন্তরিকতা এবং ভালোসায় প্রকাশিত হলো "তবুও হেঁটে চলা"।
জীবনের ঘাত প্রতিঘাত যতই আসুক তবুও আমরা হেঁটে চলি ধীরে ধীরে মৃত্যুর দিকে।এ-ই চলার থামানোর সাধ্য নেই কারর।পথ চলতে চলতে " তবুও হেঁটে চলা "আমি আশাবাদী পাঠক বন্ধুদের ভালো লাগবে,যদি ভালো লাগে,তবেই হবে পথ চলার সার্থকতা।
~~~~~~~

Author biography

কবি পরিচিত :ঃ- আমি সন্দীপ পাল

হুগলি জেলার খানাকুল থানার প্রতন্ত গ্রাম ছত্রশালে নিম্ন মধ্যবিত্ত পরিবারে২৭/১০/১৯৭৪ জন্মগ্রহণ করি,পড়াশোনার মাঝে মাঝেই কাজের জন্য বেড়িয়ে পরতাম রোজগারের জন্য,মাধ্যমিক দিয়ে গিয়েছিলাম মোটর গ্যারেজে,উচ্চমাধ্যমিকের পরে অ্যাম্বুটারির কাজে,বি-কম ফেল করে গেলাম একটি দূর ঘটনার জন্য,টিউশনি করেছি তিন বছর,নেপালে ছিলাম ছ'বছর কবিতা, গল্প, লিখতাম স্কুলের ম্যাগাজিনে, কলেজেও লিখেছি, কবিতা লিখতাম কাজের ফাঁকে, কিন্তু সেইসব সযত্নে সংরক্ষণ করা সম্ভব হয়নি,

বই প্রকাশ করার মতো আর্থিক অবস্থা নেই,সাহস পাইনি। বর্তমানে কলকাতায় কাজ করি,,পিতা -মদন মোহন পাল,মাতা-যমুনা পাল,গ্রাম-ছত্রশাল,পোস্ট -ঘোল,থানা-খানাকুল,জেলা-হুগলী, পিন নং-৭১২৪০১,মোবাইল, ৯১৩৪০৩০২৪৪

"তবুও হেঁটে চলা "
সন্দীপ পাল

সূচিপত্র

তবুও হেঁটে চলা

তারিখ:- ২৩/৯/২০২১

বন্ধুত্বের হাত বাড়িয়ে তুমিই
আপন করে নিয়েছিলে, রেখেছিলে বুকে
পেয়েছিলাম একটু শান্তনা।
তখন বুঝেছিলাম মুরুর বুকে
হয়তো পিপাসিত হৃদয়ে পেলাম মরুদ্দান
জীবন কাটবে তোমাকে আঁকড়ে।
আর আজ, তোমার দেওয়া
বিশ্বাস টুকু,খামে মুড়ে হৃদয়ে রেখেছি যত্নে
যদিও জানি সেটা মিথ্যা।
তোমার দেওয়া প্রতিশ্রুতি,
আঁকড়ে বেঁচে আছি কতগুলো ফিকে বসন্ত
জানি কোকিল ডাকবে না।
তোমার ভালোবাসার জালে
আষ্টেপৃষ্টে জড়িয়ে প্রাণ করে আকুপাকু
জেনেও, এটা শুধু অভিনয়।
আজ যৌবনের স্মৃতিগুলো
 খসেপড়া দেওয়ালের মতো অবহেলিত
তবুও আঁকড়ে ধরে আগাছা।
সব প্রতিশ্রুতি ভালোবাসা মিথ্যা
জেনেও,নিজেকে ভালোবেসে এগিয়ে চলা
ধীরে ধীরে মৃত্যুর দিকে।
"""

নিজের বাড়ি
তারিখঃ-২২/১০/২০২১

অকুল গাঙে ভাসিয়ে তরী,
ফিরছি আমার নিজের বাড়ি।
ছলাৎ ছলাৎ উঠেছে তরঙ্গীনি,
আজি সাথে নাই কোন সঙ্গীনি।
মাঝ খানে কিছুটা পথে দাঁড়ি কোমা,
বিরামহীন হেঁটে চলা নেইকো থামা।
আমার আমার করে গড়া দালানকোঠা,
কেউ কারোর নয় হেথা কাকা জ্যেঠা।
মানি না পাপ পুণ্যের বেচাকেনা,
অজ্ঞানে কুপথে দিয়েছি হানা।
ছিলাম সুখী বেশ মায়ার জালে,
কখন থেমে যাবে কোন কালে।
লক্ষকোটি বছরের এই পথ চলা,
কবে হবে শেষ যাবে না বলা।
তবুও হেঁটে চলা কালের নিয়ম মেনে,
গুরুর কাছে আত্মতত্ত্ব না জেনে।
বৃথাই খুঁজে ফিরি শুধুই অচেনাকে,
নিজের অজান্তে খুঁজে বেড়াই নিজেকে।
পথ না চিনেই অকুলে ছেড়েছি তরী,
জন্মজন্মান্তরে খুঁজে মরি নিজের বাড়ি।
''

এমনি করেই হবে শেষ

তারিখ :- ৪/৭/২০২০

মানুষ আজ হারিয়েছে মনুষ্যত্ব,
নিজের নিয়েই সকলেই ব্যস্ত,
বাবা-মাকে দেখার হয়না সামর্থ্য,
এমনি করে হারাবে নিজের অস্তিত্ব।

আমার বলে কিছুই নেই তবুও মসগুল,
জেনে বুঝেও মানুষ করছে ভুল,
একদিন তো পাবেই ভুলের মাশুল,
মানব বাগিচাতে আর ফুটবে না ফুল।

পাপ পূন্যের বিচার আজ করছিনা কেউ,
যেন বাঘের পিছনে লেগেছে ফেউ,
সম্পত্তির ভাগাভাগি নিয়ে করছে ঘেউঘেউ,
মাঝখানে দাঁড়িয়ে আখের গুছিয়ে নিচ্ছে কেউ।

এখন থেকে মানুষ যদি না নেয় যতন,
ধীরে ধীরে স্বভাব হচ্ছে পশুর মতন।
অহংকারই আমিত্বের ঘটবে পতন,
ধংস হয়ে আবার ঘটবে গোড়াপত্তন।

রাখিনি তাঁদের মান

তারিখ:- ২০/২/২০২০

১৯৪৭থেকে হয়েছিল শুরু বলিদান
প্রান দিয়ে ছিল আবদুল,বরকত,
রফউদ্দিন,সালাম,হয়ে মহিমান।
আরো কত বীর সন্তান রক্তে করেছে স্নান।

১৯৫২তে এসে মাতৃভাষা বাংলা পেলও সম্মান।
চাপিয়ে দেওয়া ভাষা উর্দূকে রক্তের শ্রোতে ভাসিয়ে,
বাংলা ভাষাকে বুকে জড়িয়ে দিল কত প্রান।
২১শে ফেব্রুয়ারি বাংলাদেশে ভাষা দিবস পেল মান।

১৯৯৯এর ১৭ই নভেম্বরে এসে পেলও আন্তর্জাতিক
সম্মান।
এরজন্য ঝড়িয়েছে ঘাম প্রবাসী রফিকুল ইসলাম, আব্দুর
সালাম।
আমরা এখন সুখেই আছি, ভুলেছি তাঁদের নাম।
২১শে ফেব্রুয়ারী ছুটি কাটাই, দিই না কোনও দাম।

আজ আমরা লজ্জা পাই, বাংলায় বলতে কথা।
আবদুল,জব্বাররা আজ থাকতো যদি বেঁচে।
লজ্জায় নত হত ওনাদের মাথা।
বাংলা মিডিয়ামে শিশুদের পড়াতে, মা-বাবার মাথাব্যথা।

বাংলা ভাষার প্রতি এতো শ্রদ্ধা আমাদের,
স্কুলের পরিক্ষায় ফেল করি বাংলাতে।
২১শে ফেব্রুয়ারী শ্রদ্ধা জানাই,রাখতে নিজের সম্মান।
বিদেশি ভাষাকে আঁকড়ে ধরি,করি নিজের মাকে
অপমান।

আমরা চলি উল্টো পথে

তারিখঃ-১৭/২/২০২০

রং তুলি বাদ দিয়ে আঁকাছে ছবি,
পেন খাতা না নিয়ে লিখেছে কবি।
হাল লাঙল না দিয়ে চাষ করে চাষা,
মুনাফা লোটে মহাজন খাসা।
হাড়ভাঙা খাটুনি খাটেছে শ্রমিক,
মাল বয়ে নিয়ে বের হয় বনিক।
কর্তার সারাদিন হাড়ভাঙা খাটুনি,
গিন্নী ঘরে বসে রাঁধে খেঁজুরের চাটনি।
মা-বাবার সংসার তাকেই দিচ্ছে তাড়িয়ে,
আমাদের মনুষ্যত্ব আজ গেছে হারিয়ে।
বিজ্ঞান প্রযুক্তি পৌঁছে গেছে চাঁদে,
নেতাদের খামখেয়ালিতে আমরা পড়ছি ফাঁদে।
ছেলেদের স্কুলে নিচ্ছে মা-বাবার পরীক্ষা,
এইসব ঝামেলায় নিতে ভুলেছে গুরুদীক্ষা।
স্কুলের ব্যাগের ভারে বেঁকে যায় শিশু,
তাই দেখে হাসে ক্রুশেবিদ্ধ যিশু।
ছেলেদের স্কুলে দিয়ে মা বসে গেটে,
সংসারে কাজ শাশুড়ি সারেন বৌমা বোম্বেটে।
ধর্মকে নিয়ে ধান্দা করছে ধার্মিক,
ফেসবুকে ছবি দেখে প্রেমে পড়েছে প্রেমিক।
ক্লাসের শিক্ষক পড়াছেন ভূগোল,
ছাত্রা ক্লাসে বসে ঘাঁটছে গুগল।
পৃথিবী চলছে দেখও তারই কক্ষপথে,
শুধু আমরাই চলি উল্টো পথে।

প্রকৃত ভালবাসা
তারিখ:-২২/২/২০২০

ফুটফুটে নোংরা ছোট্ট মেয়েটি,প্রেম বিকোয় ফুটপাতে।
ও জানে খুধার জ্বালা, জানেনা প্রেম দিবস।
রুগ্ন মা যে শুয়ে আছে, নোংরা বস্তির ঘরেতে।

যুগল প্রেমিক দরদাম করে,নিচ্ছে গোলাপ।
ওকে দেখার সময় নেই,আজ প্রেম দিবস।
সকলেই আজ কিনতে ব্যাস্ত,শুধু গোলাপ।

না খেয়ে সকাল থেকে বিকাল, বিকোয় এক ঝুড়ি
গোলাপ। ,
সব ফুল নিলো প্রেমিকরা,শুধু একটি রইলো বাকি।
অনেক যাঁচলেও,কেউ নিলোনা ঝিমানো গোলাপ।

সেই গোলাপ মায়ের কাছে,নিয়ে গেল অবশেষেই।
মার হাতে দিয়ে ছোট্ট মেয়েটি বলে,আজ প্রেম দিবস।
মায়ের চোখ ঝাপসা হয়ে,এলো জল।
ছোট্ট মেয়েটি-
জড়িয়ে ধরে মাকে,মা-গো আমি তোমায় ভীষণ ভালবাসি।

কি করলে তুমি

তারিখ:- ১৪/২/২০২০

ওগো বধু এখনো ঘুমায়,
পুবের আকাশ হয়েছে লাল,
পাখিরাও উঠেছে জেগে।
শাশুড়িও আজ উঠেছে আগে,
সকালের কাজ সারছেন,
হয়তো রেগে রেগে।

কি কাল নিদ্রায় গেছো তুমি,
তুমিতো উঠও সবার আগে।
গতরাতে যা হয়েছে,
তাতে তোমারও ছিল দোষ।
প্রতি সংসারে হয় এরকম,
তাতে রাগের কি যায় আসে।

বেলা গড়িয়ে দশ-টা বাজল,
এখনো ঘুমাও তুমি,
তোমার ঘরটা এখনো বন্ধ।
শাশুড়ি মা হাঁক দিয়ে বলে,
আসুক ছেলেটা বাড়ি,
হবে তোর খাওয়া বন্ধ।

বেলা যখন বারোটা,
তখনও বন্ধ তোমার ঘর,একি!
শাশুড়ি তখন দরজায় মারে ধাক্কা,
এই লবাবের বেটি ,ঘরটা খোল দেখি।
বেগতিক দেখে, হাঁক মেরে জড়ো করে,
পাড়াপড়শি কে।

যখন তোমার ঘরের,
খোলা হল দরজা।
নিথর দেহ পড়ে আছে বিছানায়,

পাশেই বিষের কৌটা।
তুমিতো হেরে গেলে কুরুক্ষেত্রে,
জিতিয়ে দজ্জাল শাশুড়ি কে।

তোমা ছাড়া নেই গতি
তারিখঃ-২৫/২/২০২০

আশি লক্ষ যোনি আর্বতন করি
পেয়েছি অমুল্য মানব জনম।
মাতৃ জঠরে নত মস্তকে
ছিলাম দশমাস দ শদিন।
ওই কষ্টের দিনে ডেকেছি তোমায়
প্রভু উদ্ধার কর মোরে।
ভূমিষ্ট হয়েই দেখেছি আমি
স্নেহময়ী মমতার মুখ।
মায়ের স্তন অমৃত পান করে
প্রভু ভুলেছি তোমার মুখ।
বাবা মায়ের স্নেহ আদরে
আবদ্ধ হয়েছি মায়াসমুদ্রে।
এই সব তো তোমারি সৃষ্টি
প্রভু আমার কিবা দোষ।
তোমারি অনাসৃষ্টির মাঝে
দিয়েছো আমারে ঠেলে।

তোমার দ্বারাই করছি পাপ
তবু পুণ্যের খোঁজে ছুটি।
আমার মাঝেই তোমার বাস
আমি কত আহাম্মক
তবু তোমাকেই খুঁজি।
জাতের বড়াই করি এইখানে
জাত পাত নিয়ে করি হানাহানি
প্রভু তোমার কি আছে জাত পাত?
ধর্মের কল দাও উড়িয়ে স্বমহিমায়
দেখাও তোমার কেরামতি।
বুঝিয়ে দাও তোমা ছাড়া নেই গতি
তুমিই আদি তুমিই সৃষ্টির স্থিতি।

শান্তির খোঁজে

তারিখ :- ১১/৯/২০২০

সুখের দরজায় ঝুলিয়েছি বিরাট তালা,
মনের ভাবনার অগোচরে,
নিজেদের অজান্তেই,
দুঃখের কপাট রেখেছি হাট করে খোলা।

অশান্তিকেই ডেকে এনেছি আদর করে,
শান্তির খোঁজে বেরিয়ে,
ভুলে গেছি শান্তির সংজ্ঞা,
মনের প্রশান্তি হারিয়েছি আমিত্বের ঘোরে।

তবুও আমরা করি মরি বংসের বড়াই,
পিতা পুত্রে লেগেছে লড়াই,
যতই ভাষণ দিই স্টেজে,
ভেতর ভেতর অন্যের সুখে জ্বলি আমরাই।

মায়া হরিণের পিছে ছুটে চলেছি সদা,
পরম সুখ'কে ভুলে গিয়ে,
লোভে লক্ষ্মণ গণ্ডি পেরিয়ে,
রাক্ষুসে অশান্তির পাঁকে পড়ে ঘাঁটছি কাদা।

আরো চাই আরো চাই এইটাই মোদের দোষ,
মোরা কেউ নই আশুতোষ,
সুখ শান্তির ঘরে তালা দিয়ে,
শান্তি খুঁজি, অন্যের ঘাড়ে চাপিয়ে দোষ।
++++++++++++++++++++++

সুখ স্বপ্নেতে

তারিখ :- ৭/৬/২০২০

দিনের শেষে আঁধার নামে,কালো ঘুটঘুটে।
নিদ্রা মোদের দুচোখে আসে,পা টিপে টিপে।

দু-চোখ মোদের স্বপ্নে ভাসে,সমুদ্র সৈকতে।
সারাটাদিন হাড়ভাঙা খাটুনি,কাটে রাস্তাতে।

মাথার ঘাম পায়ে ফেলি,শুধু অন্ন জোটাতে।
কুঁজো যে জন সাধ জাগে,চিত হয়ে শুতে।

সূর্যের মতো আমরাও ঘুরি,একই কক্ষপথে।
দিনের শেষে আঁধার নামে, মাথা ঘোরে চিন্তাতে।

আমরা যে গরীব শ্রমিক, কষ্টে দিন কাটে।
মহাজন তার সুদের টাকা,সময়ে নিচ্ছে কেটে।

ধনবানের টাকার চিন্তায়, ঘুম আসেনা রাতে।
দিনের বেলায় দুঃখ যত,মোদের সুখ স্বপ্নে তে।

শুরু হোক বৃক্ষ রোপণ

তারিখ :- ৬/৬/২০২০

হে জীব শ্রেষ্ঠ, একটি কথা রাখো মনে।
এমনি করেই চললে পরে,
মরবে কিন্তু জল বিহনে।

গাছ কেটে যে করছ ফাঁকা,

গড়েছ ফ্ল্যাট বাড়ি।
এটার চেয়েও গাছ লাগানো,
আরো ছিল দরকারি।

আমরা পৃথিবীর শ্রেষ্ঠ জীব,
নিজেরাই করেছি বাড়াবাড়ি।
প্রকৃতির সহ্যের সীমা লঙ্ঘনে,
উচিত শিক্ষা দিল মহামারী।

বৃক্ষ রোপণে মতিহোক সকলের,
হে বিশ্বের বুদ্ধিমান জনগন।
ভরুক সবুজ বনানীতে ধরা,
বুক ভরা অক্সিজেন ভরবে মন।
আবারও শুরু হোক বৃক্ষ রোপণ।

ভবের মাঝি

তারিখ :- ১/৬/২০২০

জীবন তরী ভাসছে মোদের,মায়ার সাগরেতে।
মাঝি তুমি দাঁড় বেয়েই চলো,জোয়ার ভাটাতে।

যেদিন তোমার সাঙ্গ হবে,এই দাঁড় টানা।
সেদিন তুমি যেও চলে,কেউ করবে না মানা।

তবুও তুমি যাওয়ার পথে,রেখে যেও নিশানা।
যাবার পরে তোমারে কেউ,মনে রাখবে না।

থাকবে তোমার অমর কীর্তি, বইয়ের পাতাতে।
এই মাঝির কথা ভবেই,সবাই রাখবে স্মরণেতে।

চিড়িয়াখানা

তারিখ :- ১/৬/২০২০

সংসার মানেই চিড়িয়াখানা,
সবাই খাঁচায় বদ্ধ।
ছেলেগুলো সব সিংহের মতো,
সিংহীর ভয়ে লেজ গুটিয়ে চলে।
সন্তানকে কেঙ্গারুর মতো,
নিজেরাই রাখে আগলে।
শুধু মা-বাবা বাঁদর হয়ে,
ঝোলে এ ডালে ও ডালে।
পরিযায়ী পাখির মতো আত্মীয়রা,
আসে ফিরে যায় সিজেনে।
শ্বশুর শাশুড়ী কোকিলের মতো,
আসে ভরা ফাগুনে।
দেবর ননদ যেন শিম্পাঞ্জি,
 রুটি খায় গুণে গুণে।
ছোটো ভাই বেকার এখন,
নাই তার কোনো অর্জন।
হাত খরচের খামতি হলেই,
বাঘের মতো করে গর্জন।
নিরিহো বাঁদর ঘুরে বেড়ায়,
এক মুঠো অন্নের তরে।
চিড়িয়াখানায় দেয় না খেতে,
নির্ভর করে দানের উপরে।

ছন্দ ছাড়া
তারিখ:-২/৪/২০২০

ঝিরঝির বাতাসে,
ঝরে পড়ে পাতায়ে।
এক ঝাঁক বুনো হাঁস,
উড়ে যায় আকাশে।

এক দল শিশু ওই,
খেলা করে রাস্তাতে।
এক পাল গরু লয়ে,
রাখাল ফেরে বাড়িতে।

সাঁওতালেরা তির ধনুক নিয়ে,
বেরিয়েছে শিকারে।
যে ছেলেটা মারছিল ঢিল,
তাড়া করে কুকুরে।

শকুন উড়ছে ওই গগনে,
লক্ষ তার ভাগাড়ে।
জেলেরাও জাল নিয়ে,
মাছ ধরে পুকুরে।

সবার জীবন চলুক ভালো,
কাটুক ভালো মন্দে।
যার যেটা কাজ করছে তারাই,
শুধু মিল নেই কবির ছন্দে।

গুরু ভক্তি

তারিখ :- ৫/৭/২০২০

হে গুরুদেব,
গুরুপূর্নিমার দিনেই
তোমার কথা পড়ল মনে।
বছরের কোনোদিন করি না প্রণাম,
থাকি অন্য ধ্যানে।

পিতামাতাকে দিই ভাগের ভাত,
দিইনা একদিনও বেশি।
ঘটাকরে স্ত্রী আমার,
করেন একাদশী।

পিতামাতাই আসল গুরু,
কোনোদিন দেখিনি ভক্তি ভরে।
ইচ্ছে নেই তবুও করি
প্রণাম গুরুদেবকে করজোড়ে।

হাড় কিপটে
তারিখ :- ২৪/৪/২০২০

কিপটেমি করেই জীবন আমার,
কাটছিলো বেশ হেসে খেলে।
চাষের ফসল গাছের ফল,
কাউকে দিইনি পয়সা না পেলে।

সারা জীবনের গচ্ছিত ধন আমার,
মরে গেলেও করবো না দান।
সরকার, পাড়া প্রতিবেশী, আত্মীয় স্বজন,
কাহারো নিই না আমি প্রতিদান।

না খেয়ে না দিয়ে জমিয়েছি গুপ্তধন,
ছেলে গুলো আমার অমূল্য রতন।
পরিবার নিয়ে ওরা কাজে গেছে বাহিরে,
এখন আর দেখে না আমায় করে না যতন।

রতনের মা আমায় ডেকে বলল সেদিন,
দুঃখের কথা বলব কি আর, ওরে বাপধন।
সারা জীবন কিপটেমি করে জমানো টাকা,
তুই বল কি করি এখন।

কষ্ট করে সারাজীবন টাকাই জমালাম,
যাদের জন্যে করলাম কিপটেমি তারাই দেয়নি দাম।
সরকার চাইছেন ভিক্ষা,
দুঃসময়ের দিনে দেশকে করি কিছু দান,
লোকে মুখে বলবে তবু হাড়কিপটের নাম।

রেখে যেও ঠিকানা

তারিখ :- ১৭/৫/২০২০

কোথা হতে আসি মোরা,
    কোথা যাই চলে।
এই যাওয়া আসা কবে হবে শেষ,
    কেই বা দেবে বলে।

ধর্মগুরুরা বলেন যাওয়া আসা শুধু,
    পাপ পূন্যের বলে।
পাপ পূন্যের গেঁড়াকলে মোরা,
    মরছি দলে দলে।

    খালিহাতে এসেছি ধরায়,
তবুও মরি আমার আমার করে।
    যাবার বেলায় যাব একা,
    সব কিছুই রবে পড়ে।

যাওয়া আসার মাঝে বাঁধা পরি,
    এই মায়ার সংসারেতে।
অনন্ত কাল হতে হাঁটিতেছি মোরা,
    এই অন্তহীন পথে।

যদি কেউ ফিরে আসো কোনোদিন,
    রেখে যেও কিন্তু এর ঠিকানা।

হঠাৎ ভোরের বেলায়

তারিখ :- ১৯/৫/২০২০

গরমের চোটে এমনিতেই হয় না ঘুম,
ভোরের বেলায় ঘুম ভেঙেগেল,
জানি না কি কারন,
 ঘড়িতে তখন চারটে।আকাশে হালকা মেঘ,
থমথমে পরিবেশ,বাতাস বইছে ধীরে।
দুরে নাম না জানা পাখির কুজন শোনা গেল,
রাত জেগে কুকুর গুলো এলিয়ে দিয়েছে গা রাস্তাতেই,
বাজারের শম্ভু চা-ওলা যাচ্ছে,
শোনা যাচ্ছে সাইকেলের ক্যাচ ক্যাচানি।
সবজি মাসি দ্রুত পায়ে যাচ্ছে গন্তে।
দুরের ছাদের পরে কাকিমা সারছেন প্রাতঃভ্রমণ।
ঠাকুমা চাপিয়েছ ধান দো-পাকা উনানে,
মসজিদের আজান এলো কানে,
তখনও ঘরনী মোর অগাধ ঘুমে।
ধীরে আলোকিত হলো পরিবেশ,
মা দিয়ে গেল দোরগোড়ায় জল,
প্রভাত শঙ্খ উঠলো বেজে,
পাশের বাড়ির মাতাজি শুরু করেছেন ভজন কীর্তন।
গরমের এই ঠাণ্ডা ভোরে,
আবার ঘুমাতে ইচ্ছে করছিলো,
ঈশ্বরকে প্রণাম করলাম,
আরো একটি সুন্দর প্রভাত উপহার দেবার জন্য।
প্রণাম সেরে বের হলাম প্রাতঃভ্রমণে।
যদিও বাইরে বেরানো বারণ,লক-ডাউনে।

প্রজাপতি

তারিখ :- ১৭/৫/২০২০

প্রজাপতি প্রজাপতি তোমায় দেখে,
　　হিংসা করে সকলে।
সকলেই বলে সুন্দর ডানা,
　　তুমি কোথায় পেলে?

কুসুম কাননে শোভা বাড়ত না,
　　তুমি না এলে।
প্রকৃতির অমৃত সুধা,
　　তুমিই শুধু খেলে।

প্রকৃতির যত রঙ ঈশ্বর,
তোমাকেই দিয়েছে ঢেলে।
আমরা বড়ই ভাগ্যবান,
তুমি বন্ধু আমাদেরই নাগালে।

কে তুমি

তারিখ :- ২/৮/২০২০

কে তুমি উলঙ্গী,
দাঁড়িয়ে আঁধারে মুখটি ঢেকে?
আবছা আলোয় চিনিতে নারি,
ভয় নাই নিঃসঙ্কোচে,
দাঁড়াও মোর সম্মুখে এসে।
- না তুমি যে পুরুষ,
তোমার জন্যই আছি মুখ ঢেকে।
আমি ছিলাম নারীদের মাঝে,
ওরা দিয়েছে আমায় নির্বাসনে।
তাই আঁধারের পথে ঘুরে বেড়াই,
ধিরে ধিরে যাব বিলিন হয়ে।
কে তুমি,কি তোমার পরিচয়?
-আমি লজ্জা,আমি ছিলাম নারীর ভূষণ।
তোমাদের জন্যই নারী আজ উন্মুক্ত।
আমারে দিয়েছে ছুটি,
আমি নেই বলেই,
প্রেমিক প্রেমিকা রাস্তার মাঝে করছে লুটোপুটি।
ক-দিন পরে মানবে না ছোটো বড়ো,
তখন আমি যাব পৃথিবী ছাড়ি,
সাবধানে থেকো পুরুষ,
তোমারও পড়বে এই করাল গ্রাসে,
মানবে না কাহাকেও,
রাস্তা ঘাটে ঘুরবে আমার মতো
 হয়ে লজ্জাহীন উলঙ্গ বেশে।

প্রেম তোমার কাছে

তারিখ :- ৯/৭/২০২০

তোমার কাছে প্রেম মানে
স্বর্গসুখ হতে পারে,
আমার কাছে নরক যন্ত্রণা।

তুমি প্রেমের সাগরে ডুব দিয়ে
পেয়েছো মুক্ত মালা,
আমি পেয়েছি শুধুই লাঞ্ছনা।

তুমি প্রেমের সাগরে ভাসিয়েছো
হয়তো সপ্ত ডিঙা,
আমার ভাঙা নৌকা খানা।

তুমি পেয়েছো প্রেমিকার কাছে
বুক ভরা ভালোবাসা,
আমি পেয়েছি শুধুই ভৎসনা।

তোমার কাছে অঢেল সময়
বাড়ি গাড়ি নামিদামি,
আমার সেই পুরাতন সাইকেল।

হয়তো ছিলো আমারই ভুল
চিনিতে পারিনি ওকে,
ওর মতো করে বোঝা হয়নি তখন।

প্রেমের পরীক্ষায় তুমি করলে পাশ
থেকো তোমরা দুধে ভাতে,
গরীব আমি তাই হেরেছি নিজের মতে।

হারিয়েছি ছেলে বেলা

তারিখ :-৩/৩/২০২০

মা,সকাল বেলায়
একটু দেরিতে উঠি।
উঠেই তো পড়াশোনায়
একটু থাকি বিছানায়।
আমি যে তোমার ছোট্ট খুঁকি।

বাচ্ছার চেয়ে ব্যাগ যে ভারি।
স্কুলেতে দিচ্ছে পাড়ি।
গাধার বোঝা বইছে শুধু,
বইয়ের পোকা হচ্ছে ওরা
ওরাই চাঁদে দেবে পাড়ি।

পড়া হয়নি কেন?
সকালেই ম্যাডামের বকুনি।
ক্লাসেও ঘুমিয়ে পড়ি,
স্যার লিখে দেন নোটে,
ডাক্তার দেখান এখনই।

স্কুল থেকে ফিরে
আবার বাড়িতে টিউশন।
সন্ধ্যায় মা বসায়
জোর করে পড়াতে
ততক্ষণে পাড়া সুনসান।

নোট দেখে মা,
বলেন রেগে।
আসুক তোমার বাপি,
সবসময়ই খেলাধুলা

তবুও হেঁটে চলা

পড়াশোনায় শুধু ফাঁকি।

আমি থাকি ভয়ে ভয়ে
বাপির আসার তরে।
বাড়িতে এসেই বাপি
কোলে নিলো তুলে,
ভয় আমার গেলো সরে।

সকালে উঠেই বাপি
মাকে বলেন ডেকে।
পড়ার সময় পড়তে হবে,
খেলার সময় খেলা,
সবি সঠিক রেখে।

এমনি করেই কাটিয়েছি
আমাদের ছেলেবেলা।
এখন শিশুদের শুধু,
পড়া পড়া খেলা,
হারিয়েছে ছেলে বেলা।

কবি তোমার জন্যে

তারিখ :-২৮/৩/২০২০

দুরে ওই ছাদের পরে,দাঁড়িয়ে একাকিনী।
কি যে ভাবে ও হয়ে উদাসীন।
ওকি আমারি কথা ভাবে মনে মনে?
মাথার উপরে উড়ছে, এক ঝাঁক ফড়িং,
লম্বা বাঁশের শুকানো ডগায়,
কাজল লতা নাচছে তা-ধিন ধিন।
উড়ে এসে শিকার ধরে, বসছে বাঁশের ডগায়।
আমারও ইচ্ছে হয় ওই পাখিটির মত,
ছোঁ মেরে নিয়ে আসি ওরে।
কালো মেঘ জমেছে আকাশের উত্তর দিগন্তে।
রৌদ্রের প্রখর তাপও কমেছে,
এখন তাপ লাগছেনা আর গায়ে।
পাশদিয়ে বয়ে যাওয়া ছোউ নদী,
শ্যাওলা জমেছে তার কালো জলে।
মাছেদের আনাগোনা দেখা যায় কাছে গেলে।
ওই উদাসীর হৃদয় নদীর পাশে গিয়ে,
কোনো দিন দেখা হয় নাই উঁকি মেরে,
আমার প্রতি ভালবাসা আছে নাকি ওর অন্তরে।
দেখার সাহস পাই নাই কোনোদিন।
সাহস করে মনের কথা হয়নি বলা।
বলব বলব করে কেটে গেছে মাস বছর।
হঠাৎ একদিন বাজপাখি ছোঁ মেরে নিয়ে গেল ওরে।
আমার সামনে থেকেই,অবাক হয়ে দেখি।
আমি আজও দেখেতে যাই,মাছেদের আনাগোনা,
নদীর কালো জলে।
আমি উদাস হয়ে ভাবি,
তোমার জন্যই আজ হয়েছি কবি।
!!!!!!!!!!!!!!!! ""!!!!!!!!!!!!!!!!!

আক্ষেপ
তারিখ :-২৩/৩/২০২০

বন্ধু,
তোর সাথে দেখা হয়ে ছিল চৈতের মাঝে,
সবুজ বনানী যেন ঘিরে ছিল চারিপাশে,
আমরা হাঁটিতে ছিলাম ছোটো ছোটো পায়ে,
নরম ঘাসের উপর দিয়ে।
চারিধারে বাদামের ক্ষেত,হলুদ ফুলে ঢাকা,
মাঝে মধ্যে তিল ক্ষেত উঁচিয়ে মাথা,
মৌমাছিরা গুন গুনিয়ে ঘুরছিল হেতা সেথা।
আমাদের চলার ছন্দে,
দক্ষিণা বাতাস বয়েছিল মৃদু মন্দে,
যেন ওরা মাথা নেড়ে আমাদের করছিল আমন্ত্রণ।
আমরাও মুগ্ধতায় পরিপূর্ণ,
হাতে হাত রেখে হেঁটেছিনু বহুক্ষণ।
এটাই ছিল আমাদের শেষ দেখা,
তুই গেলি চলে মহামারী স্পানিশ ফ্লুতে।
কদিন পরে আমিও, পেলাম না পার,
গেলাম চলে এই সুন্দর প্রকৃতিকে ফেলে।
আবার এসেছি নির্জন পান্তরে,
একশো বছর পর।
আবারও এসেছে মহামারী করোনা এই ধরাতলে।
দেখ -হয়তো আবারও যাব চলে,
এই সুন্দর মনোরম প্রকৃতিকে ফেলে।
আবারও হয়তো আসবো ফিরে,
এই মাঠ পান্তরে,দেখা হবে দুজনায়।
আমরাই শুধু যাওয়া আসা করি নিরন্তর,
এখানেই পড়ে রবে মাঠ ফাঁকা পান্তর।

হঠাৎ কাল বৈশাখী

তারিখ :- ২৪/৩/২০২০

চৈতের গোধুলি বেলায়,
তুমি আমি বসে ঘাসের চাদরে,পান্তর নিরালায়।
গরুর পাল যাচ্ছে ফিরে ধুলো উড়িয়ে।
পাখিদের কুজন নিরব হচ্ছে ধীরে।
কিছুক্ষণ অপেক্ষা করল না ভানু, আমাদের দেখেও।
গেলো অস্ত চলে, তখনও দিগন্তে রয়েছে লালচে আভা।
মৃদু দক্ষিনা বাতাস লাগছে মোদের গায়।
প্রেমালিঙ্গণে উন্মত্ত দুজনায়।
কখন যে নেমেছে আঁধার, অজান্তেই।
হঠাৎ ঠান্ডা ঝটকা বাতাসে, ভাঙলো প্রেমের ঘোর।
উর্দ্ধপানে তাকিয়ে দেখি কালো মেঘে ঢাকা আকাশ।
ঠান্ডা ঝোড়ো বাতাস বইছে, কোথাও যেন হয়েছে বৃষ্টি।
আমার ছিলাম প্রেমালাপে মত্ত,
আজকেই আসতে হলো, কালবৈশাখী?
ধরপড়িয়ে উঠি দু'জনে, ছুটি দ্রুত পায়ে।
শেষ রক্ষা হলো না আর,ভিজিয়ে দিল আমাদের।
সন্ধ্যায় শেয়াল ভেজা হয়ে, ফিরলাম বাড়ি।
থেমে গেল ঝড় বৃষ্টি।
যেন আমাদের প্রেমে হিংসা করেই,এলো কালবৈশাখী।
!!

কবিতার মুখে মাস্ক

তারিখ :-২১/৩/২০২০

ঈশ্বর সৃষ্টি করেছিলেন মানুষ,
    মানুষের সৃষ্টি কাব্য,
ঈশ্বর সৃষ্টি করলেন করোনা,
    মাস্ক ছাড়া হেঁটোনা।
তোমার সৃষ্টি কবিতাকেও,
    মাস্ক পরিয়ে দাও।
তোমার কবিতা ছোউ এখন,
    সাবধানে ওকে রাখো।
আক্রান্ত হচ্ছে বেশি শিশু বয়স্ক,
    মাস্ক ওদেরও দিও।
প্রতিষেধক তৈরি হয়নি এখনও,
    সর্তকে থাকাই ভাল।
কবিতার নাকি হয়েছে সর্দি কাশি
    পরিক্ষা করিয়ে নাও।
বৈশাখেই কবিতার হবে যৌবনের প্রকাশ
    ওকে সযত্নে রাখো।
কবিতা-তোমারও আছে কিছু কর্তব্য
    বারবার হাত ধোয়া চাই,
কোনো জমায়েতে যাবেনা এখন,
    মুখে মাস্ক যেন থাকে সর্বদা।

হিংসুটে মন
তারিখ :- ১৬/৩/২০২০

দূরের ওই আকাশটাকে দেখে,
আমার খুব হিংসে হয়।
ও কেমন সাজে আবির রঙে,
পশ্চিমের পড়ন্ত বেলায়।
নানান রূপ সে ধরে সেথায়,
যেমন খুশি সাজে তাই।
আমি কি আর ওর মতো সাজতে পারি?
ওর মতো যে রূপের ছটা নাই।

বসন্তের রাঙা পলাশের দিকে চেয়ে,
আমার খুব হিংসে হয়।
ও কেমনে আসে নিজেকে রাঙিয়ে,
বসন্তের সারা বেলায়?
আমি যে রাঙাবো তোমায়,
আমার কি আর এতো রঙ আছে?

আকাশে পূর্নিমার চাঁদকে দেখে,
আমার খুব হিংসে হয়।
শান্ত নির্মল চাঁদ পারা মুখ,
শুভ্রালোতে বিশ্বকে করে আলোকিত।
আমি কি আর পারিবো কদাকার রূপে,
তোমার হৃদয়ে আলো দিতে?

আকাশে বলাকার ঝাঁক দেখে,
আমার খুব হিংসে হয়।
ওরা কেমন করে থাকে এক সাথে?
কেমন করে একই ছন্দে ওড়ে?
আমরা যে বড়ই সার্থপর,হিংসুটে,
আমরা পারিনা থাকিতে,
বাব-মার সাথে এক সংসারে।
        ****

উৎসব হোক উৎসবের মত

তারিখ :- ৯/৩/২০২০

আজ সখা সনে খেলে হোলি, রাধাশ্যামরাই।
চলরে সকলে মিলি, বৃন্দাবনে যাই।
 খেলার ছলে দেখা হবে,আমার প্রেমের রাই।
হৃদয়ের রঙ আবির দিয়ে, রাঙাবো তোমায়।
আট থেকে আশি,আবির সবাই ভালবাসি,
আজ দোলের দিনে,সবার মুখে থাকে যেন হাসি।
আমাদের সাথেই খেলবে হোলি, গাছ গাছালি।
আজ আবির রাঙা রোদ উঠেছে, দেখো পুবালি।
ঘরে আর থাকিসনে তোরা,আয় বেরিয়ে আয়।
আবির রঙ দিয়ে, সাজিয়ে দে আমায়।
দেখিস চিন্তে না পারে, আমার রাধা রাই।
দোলের রঙদিয়ে, মনের রঙ দে পালটিয়ে।
ভুলে জাতি ধর্ম,হিংসা বিবাদ,হৃদয় নে রাঙিয়ে।
খেয়াল রাখিস দোল যেন, রবীন্দ্রভারতী না হয়।
আনন্দের উৎসবে হৃদয় দিয়ে,হৃদয় ভরিয়ে নাও।
আমাদেরও মন হোক চির সবুজ, বসন্তের মত।
উৎসব হোক উৎসবের মত।
****

রবিবার কি ছুটির দিন?

তারিখঃ- ২৪/২/২০২০

সপ্তাহের শেষে শনিবার, বাড়িব ফিরি রাতে,
রবিবার সকালে, ঘুম থেকে দেয় ঠেলে তুলে।
গিন্নী এসে দিয়ে যায় চা-বিস্কুট, আমার হাতে।
চা খাওয়া মাত্রই, বাজারের ব্যাগ দিল তুলে।

ব্যাগ ফর্দ নিয়ে চলি, বাজারে পথে।
এড়িয়ে চলি বন্ধুদের, যদি দেখা হয় পাছে।
মাথা নিচু করে তাই, হাঁটি রাস্তাতে।
আজ দাঁড়িয়ে গল্প করার, সময় কি আর আছে?

দুটো ব্যাগ ভর্তি বাজার,ফিরি হাঁপাতে হাঁপাতে।
সকালের খাবার খাই কোনমতে,দিয়ে নাকে মুখে।
ছেলে মেয়ে এসে কয় বাপি,যাবো আঁকার ক্লাসেতে।
সাইকেল বসিয়ে ওদের,চলি উর্ধ্বমুখে।

মা এসে কয় মুড়ি বাড়ন্ত, চাল দিয়ে আয় ভাজাতে।
চালের বস্তা বেঁধে সাইকেলে,চলি দ্রুত গতিতে।
গিন্নী এসে কয়,ছেলেদের স্নান করিয়ে দাও কলেতে।
দুপুরে খাওয়ার পরে,একটু বসি দুজনে স্বতিতে।

বাবা এসে কয়,জমিগুলো দেখে আয় এইবেলা।
ছেলে-মেয়েদের খেলাধুলা,পড়াশোনা নিয়ে কাটে
সারাবেলা।
নানান কাজের মধ্যেই কাটে, রবিবারের ছুটি।
সোমবার সকালে উঠই, কাজের জায়গায় ছুটি।

সপ্তাহের জমে থাকা কাজ, সারি রবিবার দিন।
সকলের বলে রবিবার ছুটি,রবিবার দি ছুটির দিন?

আজ দিনটা অন্য রকম

তারিখ :- ২২/২/২০২০

আজ সকালটা যেন অন্য রকম,
পাখিরা আজ যেন বেশি করছে কিচিরমিচির,
মায়ের গলাটাও আজ লাগল কর্কশ,
পাশের বাড়ির রেডিও টাও বাজছে জোরে,
সূর্যের দিকে তাকিয়ে দেখি যেন রাগ রাগ ভাব,
ভুলো টাও আজ আসছে না লেজ নেড়ে,
বাহিরে বন্ধুরাও দেখি আজ ভবঘুরে,
বসন্তের মৃদু সমীরণ বিঁধছে কাটার মত,
ক্লাবের দেওয়াল ঘড়িটাও ঘুরছে ধীরে ধীরে,
মাঠে বাচ্ছাগুলো আজ আসেনি খেলতে,
বাড়ি ফিরে মায়ের হাতে চা টাও লাগল ফিকে।
সবই যেন ঘটেছে আজ অন্য রকম,
তাই আজ আমার মন ভালো নেই
সকাল থেকেই মাথাটাও আছে ধরে।
শেষে ডাক্তারের কাছে গিয়ে বলি সব কথা,
কাল ছিল শিবরাত্রি খেয়েছি একটু ভাঁঙ,
অমনি ডাক্তার কাকা কান ধরে দিল এক টান।
ওরে বেয়াদব ছেলে,,
এই বয়সে এসব খেলে, হবেই এই রকম।

এটাই ছেলেবেলা

তারিখ :- ৫/৩/২০২০

ফাগুনের নির্জন দুপুর,
 লুকিয়ে পালিয়ে দীপু।
মা-র চোখ এড়িয়ে,
সনু আর টেপু।

কুলগাছে মেরে ঢিল,
কুল পাড়ে দীপু।
 কুড়িয়ে রাখে কুল
কোঁচোড়েতে টেপু।

কুল পেড়ে ওরা যায়,
রাস্তার মাঠেতে।
কুল নিয়ে মারপিট
হয় ভাগাভাগিতে।

বিনা নুনে খেয়ে কুল
দাঁত গেলো টকিয়ে।
সন্ধ্যায় বাড়ি ফেরে
মার খেলো কসিয়ে।

কাঁদতে কাঁদতে ওরা
ঘুমিয়ে পড়লো রাতে।
দীপু সনু টেপুর সঙ্গে
দেখা স্কুলের পথে।

কাল যে ওদের হয়েছিল
কুল নিয়ে মারপিট।
ওরাই দেখো রাস্তা হাঁটে
চাপড়ে দিয়ে পিঠ।

ছুটির ছড়া
তারিখ :- ১১/৬/২০২০

চল আজ চলে যাই,
ওই দুর পান্তর।
ঘর আজ দুস্তর,
চল না তেপান্তর।

আজ স্কুল নেই,
পড়াশোনার ছুটি।
সারাদিন খেলাধুলা,
করবো ছুটছুটি।

জল আর ফল নেব,
সঙ্গে নেব মুড়ি।
তোর কাছে একখান,
আছে নাকি ঘুড়ি।

সঙ্গে নে তোর,
ওই ভাঙা সাইকেল।
চল এখুনি বের হই,
ফিরতে হবে বিকেল।

সারাদিন হুল্লোড়,
করবো ভীষণ মজা।
সাইকেল যাব চল,
পথ একেবারে সোজা।

বন্ধু অনেক পাবো সেথা,
এক সাথে হবে মজা।
খেলা শেষে সকলেই,
বাড়ি ফিরে আসবো সোজা।

ওরাই দেশের নেতা
তারিখ :- ৮/৬/২০২০

রাজার দোষে রাজ্য নষ্ট,
নীতির ভুলে নেতা।
সবাই লোটে গরীবের ধন,
হিসাব চাইবে কে তা।

জনতার ছাপেই বানবে নেতা,
ঘোরাবে ওরাই ছড়ি।
আমজনতা চুষবে আঁটি,
নেতারা খাবে গড়গড়ী।

কদিন দেবে ফ্রী তে চাল,
ব্যাঙ্কে ঢোকাবে টাকা।
সুযোগ বুঝেই লুটবে ওরা,
করবে সর্বস্ব ফাঁকা।

জনগণ এবার ভাবছে বসে,
এবার দেবে গদি উল্টে।
ওরা পাঁচ বছরেই গুছিয়ে নেবে,
লুটবে উল্টে পাল্টে।

পোশাকের মতো পাল্টে নেবে,
ওরা জামার রং।
যতই তোমরা পাল্টাও গদি,
ওদের পাল্টাবে না ঢং।

অসীম চাওয়া

তারিখ :- ৯/৫/২০২০

হে বন্ধু তোমার কাছে চাইলাম,
    একটু নির্মল বাতাস,
তুমি তো কালবৈশাখী এনে দিলে।

হে বন্ধু তোমার কাছে চাইলাম
    একটি শিশির বিন্দু,
তুমি তো বন্যা বইয়ে দিলে।

হে বন্ধু আমি চেয়েছি তোমার কাছে,
    একটা ফুটন্ত গোলাপ,
তুমি তো আমাকে বসন্ত এনে দিলে।

হে বন্ধু দাবদাহ থেকে বাঁচতে চাইলাম,
    একটু শীতল বাতাস,
তুমি হিমালয় থেকে বরফ এনে দিলে।

না চাইতেই তুমি সর্গ সুখ এনে দেবে জানি
    তবু চাই বারবার,
তোমার কাছে চাওয়া আমার মুর্খামি।

তবু ভুল করে তোমাকে শান্তি চেয়েছিলাম,
    তুমি এনে দিলে বিশ্বজোড়া অশান্তি,
    তা হলে কি ভুল ছিল আমারই।

ওগো বন্ধু চাইতে চাইতে অস্থির করেছিলাম তোমাকে?
    আমার চাওয়া-টা কি খুব বেশি ছিলো?
    তাই এমনটা করলে তুমি।

মুখ ঢাকে লজ্জাতে

তারিখ :- ৮/৫/২০

ইংরেজ শাসনের জমাট বাঁধা মেঘের মাঝেও,
উঁকি মেরে উদিত হলো ভারতের ভাগ্যাকাশে,
প্রভাতের সোনার রবি।
ধীরে ধীরে আলোকিত হলো গোটা বিশ্বে,
শুধু আঁধারেই রইল ভারতবর্ষ।
আমরা শুধু নিয়েই গেলাম সাহিত্যের আলো,
ওই আলোতেই আলোকিত হয়ে,
কত পতঙ্গের দল উড়ে বেড়ালো,
আবার কতক মরল পুড়ে।
সব গ্লানি মুছে দিয়ে,
মাথা উঁচু করে দিয়ে গেলো আমাদের,
কই, উন্নত রাখতে তো পারিনি শির।
আমাদের গর্বের নোবেলটাও রাখতে পারিনি যত্নে।
কবিতার মান নিচে নেমে এখন কলঙ্কিনীর পিঠে।
যত্নে গড়া শান্তিনিকেতনেও পড়ছে রাজনিতির থাবা।
আমাদের জীবনের চলার পথকে মসৃণ করে গেছেন,
তবুও হোঁচট খেয়ে পড়ি বারবার।
ক'জনার সদিচ্ছা আছে তোমার আদর্শকে জানিবার।
শুধু ২৫শে বৈশাখ এলেই তোমার ছবিকে নিয়ে হুড়োহুড়ি,
তার পরে ৩৬৪ দিন আর পড়ে না তোমাকে দরকার-ই.।
আমাদের সম্মাননা প্রদান দেখে হয়তো,
সর্গে বসেও কবি মুখ ঢাকে লজ্জা তে।

জীবনের মানে

তারিখ :- ৭/৫/২০২০

হাঁটতে হাঁটতে জীবনের অনেকটা পথ,
পেরিয়ে মৃত্যুর কাছাকাছি।
এখনো জীবনের মানে খুঁজে বেড়াই,
যত আছে আমার পরিচিত।
চলার পথে চলতে চলতেই পরিচয়,
নামীদামী, জ্ঞানী গুণী জন।
প্রত্যেকের মতামত হরেক রকম।
কেউ বলে খেটে খাও,কেউ বলে আরাম।
কেউ বলে ঘুরে মরো,কেহ চায় বিশ্রাম।
পাইলট বলে,জীবন মানে চলা।
উকিল বলে জীবন মানে,প্রমান দিয়ে বলা।
ভিখারি বলে ভিক্ষা করেই জীবন গেল,
দুঃখেই জীবন গড়া।
ডাক্তার বলে জীবন মানে রুগ্ন শুধু,
রোগেই জীবন ভরা।
দেশ বিদেশে ঘুরেছি অনেক,হয়নি মতের মিল।
আমার কাছে জীবন মানে,শুধুই যে গড়মিল।
ঘুরে ঘুরে জীবন আমার,এখন প্রায় শেষে।
জীবন মানে তোমাদের কারো যদি জানা থাকে,
লিখে দিও তবে এর নিচে।

ভুলের মাশুল

তারিখ :- ৫/৫/২০২০

আমার আমার করেই জীবন করলি শেষ,
সংসার থেকে ভিন্ন হলি,
জায়াগা কিনে বাড়ি বানালি,
গরীব ঘরের ছেলে তুই,
বিয়ে করে শাশুড়ীর টাকায় বড়লোক হলি।
ঘরে তোর দামী দামী আসবার,
খাওয়ার জন্য ডাইনিং টেবিল,
টিভি ফ্রিজ আলমারি,
সোবার ঘরের বক্সখাটও বানালি।
বউয়ের কথায় উঠিস বসিস,
শাশুড়ী এসেও হুমকি মারে,
শুয়ে থাকিস রান্নাঘরে,
শেষে কিনা শাশুড়ী বউয়ের চাকর হলি।

মিছেই তোমরা চাকর বলো,
ঘরের কাজই তো করি আমি,
নিজের কাজে লজ্জা কিসের?
হোক না সেটা বউয়ের কিংবা শাশুড়ীর।
না চাইতেই এতো কিছু পাওয়া,
জানি জ্বলন হচ্ছে তোমাদের।

ষণ্ডা মার্কা চেহারা তোর,ডাঁটা হয়ে গেলি।
সেদিন দেখি শাশুড়ীর হাতে মার তুই খেলি।
শেষে কিনা বাপের নামটাও ডোবালি।

মা-গো তোমার কথাই মনে পড়ছে বার বার,
এই সংসারে ঘেন্না ধরেছে আমার।
সব হিসাব নিকাশ করে দিয়ে শেষ,
যাব তোমার কাছেই আবার।
যদিও আমার নাই সেই অধিকার,
তুমি না রাখলে মা-গো,
পথ নেই বাঁচবার।

হ্যাঁ আমরাই শ্রমিক

তারিখ :- ১/৫/২০২০

দিনে রাতে খেটে মোরা,ফসল ফলাই।
মাথার ঘাম পায়ে ফেলে,লোহা যে গালাই।

ফুটপাতে বাস করে,তোমাদের গড়ি অট্টালিকা।
তোমাদের জীবন সুখের করি,আমাদের বিভীষিকা।

তোমাদের চলার পথ মসৃণ, আমাদের রক্ত ও ঘামে।
আমাদের নাম লেখা আছে, তোমাদের অট্টালিকার থামে।

কোথায় নেই আমরা? পৃথিবীর সব খানে।
লাঞ্ছিত, পদদলিত হই ক্ষনেক্ষনে।

ক্ষুধার্ত পেটে,হাড় জির জিরে,বুক ফুলিয়ে বলি,
হ্যাঁ,, আমরাই শ্রমিক, আমরাই উন্নয়নের কারণ।
তোমরা সমাজের বুকে মাথা উঁচিয়ে কর বিচরণ,
ওই পথ ধরি, আমাদের যাওয়া যে বারন।

আদিম কাল থেকেই,উত্থান নেই শুধুই পতন।
তবুও আমাদের হাত ধরেই, আসে বিশ্বায়ন।

বেনারসী

তারিখ :- ২৩/৪/২০২০

দামী সুতোয় তৈরি আমি,
নামিদামী কোম্পানি,
প্যাকেটাও হলো দামী।

না জানি পরবে আমায়,
কোন সে রূপসী।
লোকে আমায় বলবে দেখে,
বাঃ সুন্দর বেনারসী।

প্রথম প্রথম যত্নে রাখে,
আগলেই রাখে সর্বক্ষণ।
কর্পুরের গন্ধে মাতাল আমি,
আলমারিতেই থাকি এখন।

বছরে দু-একটি বার বের হই আমি,
কোনো বিয়ের অনুষ্ঠানে।
আলমারিতে বদ্ধ জীবন আমার,
শরীরে পচন ধরছে দিনে দিনে।

হঠাৎ একদিন নিয়ে গেল মোরে,
ফুটো সারা দর্জির দোকানে।
সুন্দর দেহটাকে কেটে টুকরো করে,
ফেলে দেয় ছেঁড়া কাপড়ের মাঝখানে।

আমি এখন জানালায় ঝুলি,
লোকে পর্দা বলে আমাকে।
জানালার ফাঁক দিয়ে দেখি,
আমি গোটা বিশ্ব টাকে।

কবির ব্যথা

তারিখ :- ২২/৪/২০২০

হৃদয়ের গভীর সমুদ্র থেকে,
মন ডুবুরি করে শব্দ চয়ন।
কল্পনার রঙ দিয়ে আঁকে আল্পনা,
শব্দের সাথে কল্পনার মেল বন্ধন।

শব্দের খোঁজে মন ডুব দেয়,
    অবচেতনের অতলে।
পায় সে কখনো মুক্তা মানিক,
    ভাবনার অন্তরালে।

কবির কলমের খোঁচায়,
    শব্দেরা করে আলাপন।
কখনো সুখের কখনো দুখের,
    করে স্মৃতির রোমন্থন।

শব্দের ফেরিওয়ালা হয়ে,
    করে স্বপ্ন ফেরি।
কেউ কিনে রেখে দেয় ফেলি,
    কেহ হৃদয়ে আঁকড়ে ধরি।

কবিতা পড়েতো অনেকেই,
    করে কত আলোচনা।
কেহ কি কোনো দিন দেখেছো খুঁজি,
    কবির হৃদয়ের বেদনা।

কোনো দিন করেছ জিজ্ঞাসা,
    কেমন আছো কবি।

____

মেঘ পরী

তারিখ :-২০/৪/২০২০

ওগো মেঘ মুলুকের পরী,
	আজ কি তোমার খুব তাড়াতাড়ি?
বর্জ্য বিদুতের চমকানি দিয়ে,
	একটু করে গেলে বাড়াবাড়ি।
তোমার জন্যই পেতেছি আসন,
	খাওয়াবো নারিকেল মুড়ি।
তোমার জন্যই আনিয়ে রেখেছি,
	মালা চন্দন বেল কুঁড়ি।
তোমার পায়ে পরিয়ে দেব,
	হেঁদোল ফুলের মল।
তুমি যখন আসবে ফিরে,
	নিয়ে এসো কিন্তু জল।
তোমারই আসায় কৃষকেরা,
	লাগাবে সোনালী ধান,
গ্রীষ্মের দাবদাহে তাপে,
	গাছেরা করবে স্নান।
মৃদু সমীরণে দোলাবে মাথা,
	রুপালী রোদে করবে ঝলমল।
তুমি আসলেই শুষ্ক নদী,পুকুর,
	যৌবনা হয়ে করবে টলমল।
রাস্তা ঘাট পিছলা করো,
	মন্দ লাগেনা তায়।
খেলার মাঠে ছেলের দল,
	খেলার ছলে পিছল খায়।
ওগো মেঘ মুলুকের পরী,
	শুভ্র বসনে শরতের তুমি সুন্দরী।
তোমার যাদুর পরশে,
	প্রকৃতিও হয়ে ওঠে সুন্দরী।

অমূল্য সম্পদ

তারিখ :- ১৩/৫/২০২০

রাস্তার মো ড়ে যে ছেলেটি,
সিগারেট ধরিয়ে রিং করছে বারবার।
মেয়েদের দেখে টোন মেরেছিল একবার,
এখন আর যায়নি শোনা,পুলিশের ডাণ্ডা খাওয়ার পর।
ওর দলের সাঙ্গ পাঙ্গরা,বসে মোড়ের চায়ের দোকানে।
সিগারেট ধরায়,মদ খায় মাঝে মধ্যে,
কোন কাজ কর্ম করে না ওরা,আড্ডা মারে রকে।
পয়সার জোর না থাক ওদের,
আছে বড়ো বুকের পাটা।
ভয় পায়না ওরা কাউকে,হোক না বড়ো নেতা।
গ্রামের নামিদামী চাকরি ওয়ালা আছে অনেকেই,
টাকা দিয়ে নাম কেনে হামেশাই।
টাকা দিলেই সব কাজ হয় না গুরু,
সাহস ও দেহের বলও লাগে।
কারোর বাবা-মা অসুস্থ,কেউবা কন্যা দায় গ্রস্ত,
গ্রামের যে কোনো অসুবিধায়,
ওরাই ছোটে সবার আগে ভাগে।
যতই বলো ওদের বখাটে ছেলে,
ওদের ও সমাজে আছে অবদান।
অনেকেই বলে ওদের সমাজের আপদ।
যাদের লেগেছে কাজে,ওরা কোনো দিন,
তারাই বলবে ওদের অমূল্য সম্পদ।
রাখো ওদের যতন করে,
গালি দিও না কোনো দিন।
হয়তো তোমাদেরও কাজে লাগবে,
 কোনো এক দিন।

স্বর্ণলতা

তারিখ :- ১১/৫/২০২০

ওগো স্বর্ণলতা,
তোমার হলুদ রঙে মোহিত আমি।
শেওড়া গাছের মাথার উপরে,
ছড়িয়ে আছো তোমার অঙ্গ খানি।

রোজ বিকালে দেখি তোমায়,
পড়ন্ত রৌদ্রে সৌন্দর্যের ঝলমলানি।
তোমার ওই মন-মোহিনী রঙেই,
ছিনিয়ে নিয়েছো আমার হৃদয় খানি।

তোমার গুণের নাকি হয়না তুলনা,
তুমি নাকি ঔষধের রানী।
সর্দি কাশি,গাঁটের ব্যাথায়
তুমি নাকি খুব উপশমী।

হাজার গুনের মাঝেও তুমি,
আমার কাছে নয় দামী।
যে গুণের জন্যে তুমি,
সকলেরই দুয়ো রানী।

যার ঘরেতে থাকো তুমি,
তারেই নাকি কর হয়রানি।
এই গুণটি না থাকলে গো,
আমি করতাম তোমায় রাজরানী।

তুমি রুপসী,তুমি গুণবতী,
নও তুমি ঘরামি।
তোমার প্রেমে পড়েই আমার,
বেড়েছে পাগলামি।

এ-জনমে বন্ধু হয়েই থাকো তুমি,
এসো সবার উপকারে।
পরের জনমে দেখা হয় যদি,
তখন না হয় আনবো ঘরে।

আমি কথা রাখিনি

তারিখ :- ৩১/১/২০২০

মাতৃ জঠরে, যখন ছিলাম অন্ধকারে।
কথা দিয়ে ছিলাম, জগৎ স্বামীরে।
জন্মেই, তোমারি গুনগান গাব সংসারে।
ভুলেছি সব, অন্ধকার মায়া জালে পড়ে।

শিশু কালে পিতা মাতার ভালবাদায়,
ভুলেছি তোমার কথা।
শৈশবে ভুলেছি তোমায়,খেলার সাথি পেয়ে
যৌবনে প্রেমের রসে,ডুবেছি সারাক্ষণ।
তোমার কথা মনে,পড়ে না তখন।

এখন আমার অন্তিম সময়ে,
সকলেই গেছে সব কিছু ছাড়ি।
আজ মুক্ত আমি এ সংসারে,
তাই তোমারি চরনে জগৎস্বামী।
          ****

মানুষ যদি হও

৩১/১/২০২০

হে মানব,
নিজেকে যদি রাঙাতেই হয়,প্রজাপতির কাছে শিখে নিও
যদি কর্মঠো হতেই হয়,পিঁপড়ে কে গুরু মান।
ধৈর্যশীল হতে হলে,বৃক্ষের কাছে যেও।
অহংকারী যদি না হতে চাও,ঘাসকে গুরু মান।
সরল যদি হতে চাও,নদীর কাছে শিখে নিও।
উন্নত শীর রাখতে হলে,পর্বতকে গুরু মান।
ইষ্টকে যদি চিনতে চাও,গুরুদীক্ষা নিও।
জীবনকে যদি গড়তে হয়,সদগুরুকে মান।
ফুল যদি হতেই হয়,সেই ফুলটি হয়েও।
যেই ফুলটি,প্রভুর চরনে রাখবে তোমার মান।
এই ধরাতে সবাই আছেন,শুধু খুঁজে নিও।
মানুষ তোমার কিসের অহংকার,
খালি হাতেই আসা যাওয়া,
এটা মান আর না মান।
****

আমি তুমিময় হতে চাই
তারিখ :- ২৮/২/২০২০

আমায় যখন হঠাৎ টানিলে বাহুডোরে,
আমিও তোমাকে জড়ায়ে ধিরেছিনু ভয়ে।
সমুদ্রে আমার ভীষণ ভয় তলিয়ে যাবার,
এই প্রথম সমুদ্রে স্নান,তোমাকে পেয়ে।

সেই প্রথম যৌবন সমুদ্রের উঠেছিল ঢেউ,
আনন্দে মাতয়ারা হয়ে স্নান করেছি দুজনে।
 সেই ঢেউ আছড়ে পড়ল আমার নিঃসঙ্গ

তবুও হেঁটে চলা

হৃদয়ের শুকনো সৈকতে।

আজ তিন মাস তুমি ছাড়া আমি,একাকী
তোমার মা-বাবা আছেন,ভালবাসে ভীষণ,
তবু তুমি ছাড়া নিঃসঙ্গতায় কাটে প্রহর।
তোমার দেওয়া নরম বিছানা লাগে কন্টক সম।

প্রথম প্রথম খবর নিতে ফোনে দু-একবার,
ধিরে ধিরে ভুলে গেছো খবর নেওয়ার।
হয়তো প্রয়োজন ফুরিয়েছে আমার,তোমার কাছে।
আমার থেকে সুন্দরী কাউকে কাছে পেয়ে।

নানান চিন্তা আসে মনে,রাত কাটে জাগরণে,
বালিশ ভিজে যায় বিরহের অশ্রু ধারায়,
আমি চাই তোমাকে, শুধু তুমিময় হতে,
যৌবনের শ্রাবণ ধারায় ভিজতে দুজনে।

মা এসে কয়, বৌমা খোকা আসবে ফাগুনে।
জল বিহনে ঝিমানো পলাশ শিমুল অপরাজিতা হল তাজা,
প্রিয় শুনে তোমার আগমনের।
যৌবন জলচ্ছাস আছড়ে পড়ছে মন সৈকতে।

মন খারাপের বসন্ত

তারিখ :-২৯/২/২০২০

লেপ কাঁথা ছেড়ে ওঠ ছাড় কুড়েমি,
শুয়ে-বসে ঘরে করিস ছাবিলামি।
বাহিরে বেরিয়ে দ্যাখ প্রকৃতির মাধুরি,
তোর দরজায় দাঁড়িয়ে বসন্ত সুন্দরী।
তরুদল আজ সেজেছে সবুজ তরুণী,
যেন নতুন রূপে সেজেগুজে মোর ঘরনি।
প্রকৃতি সেজেছে কৃষ্ণচূড়ায় রাঙা পলাশে
তুমি লালপেড়ে বসনে দাঁড়াও মোর পাশে।
রং নিয়ে বসন্ত এসেছে গাছেদের ডালে ডালে,
ওই রঙ নিয়েই আমি মাখাবো তোমার গালে।
সকালে ভাঙবে ঘুম শুনে পাখিদের কলতান,
পাশের বাড়ির রেডিওতে চলবে প্রভাত গান।
মা তখন ঠাকুর ঘরে গাইবে কৃষ্ণের শত নাম,
বাবা চাষির সাথে পরামর্শ করবে আলুর দাম।
পঁচিশটা বসন্ত তো এলো,আবারও যাবে চলে
বসন্তের কুহু কুহু ডাক শুনে একদিন যাব চলে।
আমার মনের বাসন্তী আসবেনা কোনো কালে,
আমি যে থাকি সারাদিন বসে হুইলচেয়ারে
সংসারের অবাঞ্ছিত বোঝা হয়ে।
ঘুমিয়ে যাব একদিন বসন্তের তরুছাওয়া তলে।
মনে রাখবে না কেউ আমাকে সকলেই যাবে ভুলে।
সেদিনও বসন্তে গাছে গাছে ভরে উঠে ফুলে ফুলে।

আর এক বৃদ্ধাশ্রম

তারিখ :- ২৬/২/২০২০

পাঁচমহলার ছোট্ট জানালা দিয়ে
উঁকি মেরে তাকিয়ে থাকে রাস্তায়।
কেউ কোনদিন খেয়াল করেছো কি?
প্রশ্ন জেগেছে,কি কারণে তাকিয়ে থাকে?
হয়তো দেখেও না দেখার ভান করে সকলে।
বড় পরিবার ভরা সংসার ছিল একদিন,
কত চাকর চাকরানি হুকুমে চলতো তার,
বাড়ির উঠান দুর্গাপূজা করত গমগম।
দোলের আবিরের রঙে রাঙা হত বাড়ি,
দুই ছেলে এক মেয়ে কর্তার সরকারি চাকরি।
কর্তা হঠাৎই গেল চলে,ছেড়ে ইহলোকে।
মেয়েটাও পালিয়ে করলো বিয়ে,ছেলে বম্বেটে।
আর তোলেনি ঘরে।
ছেলেরাও বিয়ে করে দিল বিদেশে পাড়ি।
বাড়ির উঠানে আজ জমেছ শ্যাওলা অযত্নে,
এখন পাঁচতলার ছোট্ট ঘরে,সঙ্গে চাকরানি।
পেনশনভোগী থাকে দুই রমনী।
আজও তাই চেয়ে থাকে পথপানে,
কখন যে আসবে ছোট্ট নাতিদের নিয়ে,
ভরে যাবে সংসার, স্বপ্ন দেখে জননী।
হয়তো ওরা আর আসবে না কোন দিন।
শহরের চলার পথে,দেখে মাথা উঁচিয়ে,
অনেক মা-ই বসে জানালার পাশে।
আসবে ফিরে আপন জন, তার আশে।
জানালার পাশেই সারাদিন দেখে স্বপ্ন।
হয়তো জল ছাড়াই নিভে যাবে জীবনদীপ।
এ যেন শহরের আর এক বৃদ্ধাশ্রম।

সত্য ও মিথ্যা
তারিখ :-১৩/৪/২০২০

আজি সত্যের অশ্বথ গাছটি
ঝিমিয়ে পড়ছে ধিরে।
মিথ্যার ক্যাকটাসের দল,
ছড়িয়ে ছিটিয়ে চারিধারে।
মিথ্যার বেড়া জালে পড়ে,
মানুষ মরছে অনাহারে।
সত্যের আজ কাটা যাছে মাথা,
লজ্জায় লুকিয়ে অন্ধকারে।
মিথ্যার জয়-জয়কার চারিধারে,
প্রাণ বাঁচাতে সত্য আজ কারাগারে।
পাষণ্ড ব্যভিচারী ঘিরে আছে পৃথিবী,
সত্যের মা কাঁদছে একলা ঘরে।
মিথ্যের জয়-নিশান উড়ছে ধরা তলে,
সত্যের নৌকা ডুবিছে অতলে।
সত্য তাই বিচারের আশায় যাচ্ছে আদালতে।
অশ্বথের ঝুড়ি হচ্ছে কাটা,মিথ্যার করাতে।
ভয় পেও না মানুষ, হবেই সত্যের জয়।
ধর্ম যুদ্ধ হয়ে গেছে শুরু,হবে মিথ্যার পরাজয়।

আমরা কররো কী

তারিখ :- ১০/৪/২০২০

আজকে যারা মরছে খেটে,
তারাই পায় না খেতে।
গরুর দুধে অধিকার নেই বাছুরের,
নেপোয় মারে এসে চেটে।
পায়ের উপরে পা রেখে করেছে তাবেদারি,
ওরাই আজ সমাজের ধন্যন্তরী।
যার ছেলের বিয়ে তার পাতে নেই দই,
মুরুব্বিদের ফ্রীজে দই করে থইথই।
গরীবের বরাদ্দ সরু চাল,
        যাচ্ছে নেতাদের বাড়ি।
রেশনে কাঁকর মেশানো মোটা চাল,
খেয়ে গরিবের ছিঁড়ছে দাঁতের মাড়ী।
আমাদের ঘরের টাকা মেরে,
নেতাদের হচ্ছে মোজাইক বাড়ি।
গ্রামের লোকের এলো পাইখানা,
নেতারাই নিলো তাড়াতাড়ি।
পোকা ধরা গমের আটা খেয়ে,
আমরাই বেশি শক্তি ধরি।
ধনীরা খাচ্ছে মোওা মিঠাই,
এদেরকেই ধরছে মহামারী।
জামাই আদর করে কুবেরের দল,
দেশে নিয়ে এলো মহামারী।
পুলিশের হাতে খেটে খাওয়া মানুষ,
        খাচ্ছে রুলের বাড়ি।

যদি পেতাম ফিরে

তারিখ :-৮/৪/২০২০

সকালে পড়ার ভয়ে দেরিতে ভাঙতো ঘুম,
স্কুলের বেলায় পুকুর ঘাটে লাগত স্নানের ধুম।
ছুটির দিনে দুপুর বেলায় বাবা-মাকে দিয়ে ফাঁকি,
সকলে মিলে বাবুদের বাগানে মারতাম উঁকি।
নদীর দিকে হেঁদোল গাছটি ছিল ঝুলে,
স্নানের বেলায় বন্ধুরা মিলে গাছ থেকে পড়তাম জলে।
কেউ তুবড়ি,কেউ তলোয়ার ঝাঁপ দিতাম নানান কৌশলে।
আবার সাঁতারে আসতাম নদীর পিছলা কূলে।
ইঁটের উইকেট তাল বাল্লার ব্যাট,
ডিউজ বলেই খেলা হত ম্যাচ।
দিদিরা খেলতো চু-কিতকিত বোনেরা খেলাম বাটি।
ছেলেরা খেলতাম দলবেঁধে ঝাল ঝাপটি।
বৈশাখেতে ঝড়ের সময় ছুটতাম বাগানে,
কুলগাছে তে মারতাম ঢিল ফাগুনে,
এই সব কু-কর্ম ঘটতো ছুটির দিনে।
পড়ার সময় পড়া যেমন খেলার সময় খেলা,
এমনি করেই কেটে যেত আমাদের সারাবেলা।
নদীর ধারে হেঁদোল গাছটি এখনো আছে হেলে,
ঝাল ঝাপটি গাছটির কাছে যায় না কেউ পথ ভুলে।
খেলার মাঠ টাও যেন কাঁদে আমাদের তরে,
মনের মাঝে জাগে এখন যদি ছেলেবেলা পেতাম ফিরে।

শুরু হোক সংগ্রাম

তারিখ :- ১৬/৮/২০২০

পরাধীনতার শিকল ছিঁড়ে স্বাধীনতা,
একদিনে আসেনি ভাইরে।
কত শহিদ হয়েছে প্রাণ,পুত্রহারা মাতা,
স্বাধীনতা নিয়ে ছিনিমিনি খেলিস ওরে।

দেশের জন্য যারা দিয়ে গেল প্রাণ,
আজ তারা ভূলুণ্ঠিত মিছিলের বোমায়।
বছরের একদিন ফুলমালায় করি সম্মান,
সারা বছরই চাপা থাকে পঙ্ক্তিবিষ্ঠা ধুলায়।

মায়ের পায়ে বাঁধা পরাধীনতার শিকল,
দেখে গর্জে উঠেছিল মা'য়ের যত বীর সন্তান।
রক্তের বদলে স্বাধীনতা মোরা করেছি বিকল,
স্বাধীনতার মানে ভুলে হয়েছি বলীয়ান।

সহ্য করেছিল তাঁরা পরাধীনতার চাবুক
যে স্বপ্নের ভারত দেখেছিল খুদিরাম নেতাজী।
অপরাধী হাঁটছি খোলা ময়দান ফুলিয়ে বুক,
দেশের নেতারা ভাবছে ভারত তার পিতাজির।

আবার জন্ম হোক ছিল মায়ের যত বীর সন্তান,
নতুন করে হোক শুরু স্বাধীনতা সংগ্রাম।
গুলি করে মারো যারা বিকিয়েছে ভারতের মান,
আবার আনন্দে ভরে উঠুক শহর থেকে গ্রাম।

টু ফোর ডি

(আগাছা নাশক)
তারিখ :- ২৪/৮/২০২০

সমাজের বুকে সার জল পেয়ে,
গজিয়ে উঠেছে যত আগাছার দল।
টু ফোর ডি না দিলে ওদের,
সমাজের বুকে লাগাবে দাবানল।

ঢালাই রাস্তা হয়েছে ছয় মাস হবে,
খালি পায়ে হেঁটে চলা হয়েছে দুর্দয়।
অর্থে লোভে ওরা মারছে মানুষ,
দয়ামায়াহীন হয়েছে নির্দয়।

শ্রমিকদের টাকা,রেশনের চাল ডাল,
কোথায় নেই ওদের অবদান।
দুর্নীতি ওরা করছে খোলা মাঠেই,
মাথার উপরে আছে নেতাদের বরদান ।

সবার আগে হোক নেতাদের শাস্তি,
যারা দেশমাতৃকাকে করছে অপমান।
ওদের উপরেই হোক টু ফোর ডি প্রয়োগ,
করতে হবে আগে কূনেতাদের অবসান।

ফেলে আসা ভুল

তারিখ :- ১০/৮/২০২০

অতীতের যত মধুর বেদনা,
ভীড় করে আসে মনে।
যতবার ছেড়ে আসি দুরে,
তবুও উঁকি মারে মনের কোনে।

পিছু ডেকে নিয়ে যায় বারে বারে,
চেতনা কে করে আচ্ছন্ন।
মনের গভীরে করে আনাগোনা,
আজ কে করে ছিন্নভিন্ন।

গভীর নিদ্রায় আসে স্বপ্নে,
রেখে যায় পদ চিহ্ন।
বিনিদ্রায় কাটে সারারাত,
দিনভর থাকি মগ্ন।

অতীতের সুখের যন্ত্রণা যত,
আজি বিঁধে শূলের মত।
যতবারই চাই ভুলে যেতে,
মনের মাঝে থাকে ওতপেতে।

অতীতের ফেলে আসা কিছু ভুল,
গুণতে হবে তার ভুলের মাশুল।

একদিন আমি হবো

তারিখ :- ৫/৮/২০২০

একদিন আমি হবো মেঘ,
ওই নীলাম্বরের বুকে।
ভেসে বেড়াবো নিজের মতো,
যে দিকে মন চাইবে যেতে।
সেদিন তুমি আমায় চিনবে না গো,
আমি কিন্তু রাখবো টকে টকে।
আমার পছন্দের নীল শাড়িটা,
যেদিনই পরে বের হবে ফাঁকে।
অমনি আমি ঝাপটা দিয়ে,
ভিজিয়ে দেব তোমার শাড়িটাকে।
ছুঁয়ে যাবো তোমার সারা অঙ্গ-প্রতঙ্গ,
শিহরণ জাগবে মনে,
তোমার মনের অজান্তেই।
বৃষ্টি হয়ে পুষিয়ে নেব,
আমার অসীম চাওয়া পাওয়া।
তখন যদি পড়ে মনে অবুঝ প্রেমিকটাকে,
থাকবে ভিজে কাপড় জড়িয়ে কিছুক্ষণ,
মুছে ফেলো না গো গামছা দিয়ে।
তোমার উষ্ণ পরশে শুকিয়ে যাব,
মরমে মরমে ক্ষয়ে ক্ষয়ে।

কি পেলাম লক-ডাউনে

তারিখ :- ১৮/৮/২০২০

লক-ডাউনে পেয়েছি জীবনের বড় ছুটি,
বহু কষ্টে বাড়িতে পৌঁছেও শান্তি নেই,
পেয়েছি চোদ্দো দিনের হাজত বাস ,

পেয়েছি বন্ধুদের ঘৃণাভরা চাউনি
কারন আমরা পরিযায়ী।
বড় বড় ভাষণ শুনতে পেলাম,
কাজ পাওয়ার সান্ত্বনা পেলাম,
একবার পুলিশের ডাণ্ডা খেয়েছি,ব্যথা বর্তমান।
পরিবারের লোকজন কাজের লোক পেল,
এতো কিছু না পাওয়ার মাঝে,
একটা জিনিস পাচ্ছি মিথ্যা নয়,
রেশনের চাল, যেটা না হচ্ছে ভাত না মুড়ি,
ডাল, গো-খাদ্য পুষ্টিকর আটা।
কাজ হারিয়ে পেয়েছি পাহাড় সম চিন্তা,
পেয়েছি হাই-প্রেসার,সুগার,
একটা নতুন প্রযুক্তি দেখতে পেলাম,
আগে ডাক্তারে ফী একাউন্টে ভর,
পরে ভিডিও কলে চিকিৎসা।
আরও কিছু পাওয়ার আছে বাকি,
লক-ডাউন হয়নি শেষ,বলব আবার পরে,
""""""""""""""""""""""যদি বাঁচি।

পুজোর পোশাক

তারিখ :- ২৮/৯/২০২০

স্কুল প্রাঙ্গণে বসে ঘাসের বনে
ওরা আজ করছে বৈঠক এই নিয়ে,
কার কটা জামা হলো পুজোতে।

আকাশ তো আহ্লাদে আটখানা,
বলে, আমার দিদা দিয়েছে একসেট
          আর একটি মামা।
বাবা বলেছেন কিনে দেবে একখানা।

মেঘলা বলল হেসে হেসে,
               তোর মাত্র দুটো?
আমার এখনই পাঁচ-ছ'টা,পুজো আসতে
আসতে আরও দু'তিনটে হবে।

পুবালি তো হেসেই খুন, 'ও বড়লোকের মেয়ে'
আমার জামা হয় অগুনতি,
বাবা কাকাই,মামা দিদান,দিদি জামাইবাবু
          সকলেই দেয় আমাকে।
পুজোতে দিনে দু'তিনটে পরেও হয়না শেষ।

কাসু মুখখানা করে ভার,
না ভাই, এক খানা দিয়েছে মামা।
বাবা বলেছে যদি কাজ হয় পুজোতে
তবেই কিনে দেবে।

একধারে বসে বাপ মরা শিউলি,
তাকিয়ে সকলের মুখ পানে
          বলে হাসি মুখে,
মা বলেছে 'আগের বছরে যে জামাটা

দিয়েছিল বাবুরা, এখনো নতুনই আছে।
কেচে ইস্ত্রি করে দিলেই একেবারে নতুন
হয়ে যাবে।
ওটা পরেই যাবি বন্ধুদের সাথে পুজো দেখতে।

প্রতিচ্ছবি

তারিখ :- ৭/২/২০২১

ভিজে স্যাঁতসেঁতে দেওয়ালের কোন ঘেঁষে সারিবদ্ধ
পীপিলিকার দল খাবারের খোঁজে।
ষাট ওয়াট ল্যাম্পের লাল আলোয় সরীসৃপ টি নিঃশব্দে
দিশা হারা পতঙ্গের আশায়।
প্রহরী কুকুরটা ঘেউঘেউ করে ওঠে,অচেনা কাউকে
দেখলেই।
টেবিলে খাবার বাসনের আওয়াজ পেতেই লকলকে জিভ
দিয়ে লালা পড়ছে।
মেনিটাও অন্ধকারে ঘাপটি মেরে নেংটী ইঁদুরের অপেক্ষায়,
ধেড়ে গুলো ওর নাগালের বাইরে।
বাহিরে কারা যেন চিৎকার করে উঠে, চোর, চোর।
কুকুর ডাকেনি, আমার ঘরে নয়,নিশ্চিন্তে
মাটির কলসির ঠান্ডা জল ঢকঢক করে পান করে,
দুপুরের পান্তা ভাতের ঢেকুর তুলে,
ঈশ্বের নাম নিয়ে একশো বছরের ভাঙা খাটে,
শতচ্ছিন্ন মশারী টাঙিয়ে চিত হয়ে শুয়ে দেখে,
আমারই চেতনা আমার সম্মুখের দেওয়ালে
লাল আলোকে আমারই প্রতিচ্ছবি।
""

বিরামহীন

তারিখ :- ১৬/১২/২০২০

ট্রেন ছুটছে ঝড়ের বেগে বোঝাই করে যাত্রী
পৌঁছাতে হবে গন্তব্যে বাঁধা সময়ের ব্যবধানে।
আমরা সবাই ছুটে চলেছি হয়ে সহযাত্রী,
মরছি পড়ে মাথা কুঁড়ে এই সংসার বাঁধনে।

গোলোক ধাঁদায় ছুটছি শুধু পাইনা যে দিশা,
সংসার বালিতে আটকেছে সবার জীবনগতি ।
অন্ধকারে হাতড়ে মরি শুধুই অর্থের নেশা,
জীবন যেন শুধুই ছোটা, নাই যে বিরাম যতি্।

কলুর বলদ হয়ে শুধু একই পথে ঘোরাঘুরি
অর্থের পিছনে ধেয়ে নিজের কবর খুঁড়ি।,
মানসম্মান চুলোয় গেছে মানিনা কাহার কথা,
পিতামাতা মারা গেলেও লাগেনি কোনো ব্যথা।

ট্রেন দাঁড়ায় মাঝপথে, লাল সিগন্যাল দেখে।
আমরা কেবলই ছুটছি নিজের নগ্নতা মেখে।
*****/////*****/////*****/////*****

চল প্রকৃতির কাছাকাছি

তারিখ :- ২৬/১২/২০২০

স্কুলহীন টিউশন একঘেয়েমি রোজনামচা কাটিয়ে
একটু বেরিয়ে বন্ধুদের সাথে খুনসুটি,
দেদার আড্ডা টুরিস্ট বাসে সারারাত।
মাঝে বাঁকুড়ার ঢল ডাঙার মোড়ে চা পানি খেয়ে আবারও
রওনা দিয়ে শেষে
পৌঁছালাম হাড়কাঁপানো ঠাণ্ডায় কাঁপতে কাঁপতে
কুয়াশার চাদের মোড়া ঝাড়খণ্ডের হুড্ডু জলপ্রপাত।
প্রাণজুড়নো প্রাকৃতিক দৃশ্য নদীর ব্রীজ থেকে দেখি
অপলক দৃষ্টিতে।
কিছুটা দূর থেকে ভেসে আসা হুহু আওয়াজ,
ছোট ছোট পাথুরে নদীর জল
ছোট বড়ো পাথরের মাঝে হঠাৎই মিলিয়ে গেছে প্রকৃতির
সৃষ্টিতে।

সাড়ে সাতশ কি আটশ সিঁড়ি ভেঙে নামতে হবে নিচে,
 পথে শিল্পীদের বাঁশ ও কাঠের সুক্ষ্ম কারুকাজ দেখে মুগ্ধ
মনপ্রাণ।
প্রকৃতির সাথেই মিলে মিশে একাত্মা হয়ে নেমে চলেছি
নিচে আরও নিচে।
হঠাৎই হারিয়ে যাওয়া নদী ধারা
 হুহুঙ্কার দিয়ে পাহাড়ে ধাক্কা লেগে নেমে আসছে নিচে
জলাশয়ে
আবারও কুলকুল বেগে বয়ে চলা পাথুরে পথে আপন
গতিতে।
স্বপ্নের সাথে মায়াবী প্রকৃতির মেলবন্ধনে আমি মুগ্ধ হ'য়ে
দাঁড়িয়ে ঝর্ণার সম্মুখে।
হঠাৎই দমকা হাওয়ায় ফোঁটা ফোঁটা কুয়াশায় ভিজিয়ে
দিল।

কীভাবে সময় কেটে গেল, ফিরতে হবে বাড়ি,
আবারও সাড়ে সাতশ সিঁড়ি, উঠতে এই শীতেও ঘামে
ভিজেছিল গোটা গা।
আবারও সেই একঘেয়েমি মাঝে,,,স্কুল টিউশন ,
এখনো স্বপ্নের ঘোরে কাটেনি পুরোপুরি।
          *****^^^^^^*******^^^^^^*****

ভোগী রথের গঙ্গা

তারিখ :- ২/১/২০২১

ভগীরথ আনিল গঙ্গা স্বর্গ থেকে মর্ত্যে,
পাপী তাপি উদ্ধারিতে।
স্বর্গথেকে আনিল মিঠা অমৃত
শেষে মিলাইলো সঙ্গমেতে।
ভোগ বাসনায় আপন-পিয়াসী
এই রথ আর নাহি চলে।
আমরা কত আহামোক,মিঠা জলে
 না করিয়া স্নান,ডুবি নোনা ঝিলে।
ভোগ বিলাসিতা আটকে রথের চাকা
তবুও নিয়ে চলি পুণ্যের আসায়
               সাগর মেলায়।
ডুবকি লাগিয়ে মহানন্দে ফিরে
আবারও গা ভাসাই সে-ই ঝিলের ভেলায়।
নোনা জলে স্নান করিয়া নিয়মিত
যাওয়া হয়নাই মিঠা জলের খোঁজে।
নয়ন মিলে দেখরে মন,
যে গঙ্গা এনেছিল ভগীরথ, বহিছে আমাদেরই মাঝে।
মিঠা জলে না করিয়া স্নান,হবেনা যে
ভব নদী পারাপার।
নয়ন অশ্রু সেই মিঠা অমৃত ধারা,
ওতেই কর সবে স্নান, পাইবে উদ্ধার।
     ****

আগামী ভবিষ্যত

তারিখ :- ২৯/১২/২০২০

চোখের জলে বুক ভেসে যায়,
কারো ভেজে ঘামে।
ভবের বাজারে ইজ্জত বিকোয়,
পাপী কেনে জলের দামে।
মনুষ্যত্ব আজ মুখ লুকিয়ে,
লোভের আঁস্তাকুঁড়ে।
ধর্মকে আজ টোপ বানিয়ে,
মানবতা খাচ্ছে কুরে কুরে।
শিশু চুরি করে বসিয়ে ফুটপাতে,
দিয়েছে ভিক্ষার বাটি।
সমাজের বুকে সম্মানিত ওরা,
ওরাই মানুষ খাঁটি।
শ্রমিক দিনান্তে শাক-অন্ন ভজনে,
সঙ্গে বৃদ্ধ মা ও বাবা।
লোভাতুর মানুষের সহ্য হয়নি,
বসাচ্ছে ওতেও থাবা।
ওরে অমানুষ তোদের পাপ কর্ম,
লেখা অট্টালিকার থামে।
আগামীর প্রজন্ম ঋণ মেটাবে,
চোখের জলের দামে।
%%%%%%%%%%%%%%

বিপ্লবীর স্ট্যাচু

তারিখ :- ২৬/১/২০২১

আর্বজনার স্তুপের উপরে নিলজ্জের মতো দাঁড়িয়ে একা।
কঙ্কাল সার মানুষগুলো খাবারের খোঁজে,
খুলছে ফেলে দেওয়া প্লাস্টিকের ব্যাগ।
কুকুরদের সাথে করছে লড়াই,শুধুই বাঁচার জন্য।
দুর্গন্ধ পোকা ধরা খাবার পেলেই চোখে মুখে আনন্দের
অনুভূতি।
গভীর রাতে কারা যেন ফেলে দিয়ে গেছে অবৈধ প্রেমের
অবাঞ্ছিত ফল।
অন্ধকারে ধর্ষিতা নারীর চিৎকার শুনেও আমার চোখে
আর আসে না জল।
আমার গোটা শরীরে মাকড়সার জাল,চোখে মুখে
পাখিদের মল।
বছরের একটা দিনে ধুয়েমুছে দেশের সম্মানিত ব্যক্তিরা,
আমার পায়ের তলায় বড়ো বড়ো বুলি আউড়ায়।
পরিয়ে দেয় সুগন্ধি ফুলের মালা,দুর্গন্ধ ঘোচাতে।
তখন আমার চোখে আসে জল।
কি ভেবেছিলাম আর কি পেলাম!
এর জন্যই কি করেছিলাম স্বাধীনতা সংগ্রাম।

কি ছিল প্রয়োজন

তারিখ :- ৭/১২/২০২০

রংচটা দেওয়ালের মতো
স্মৃতি গুলো পড়ছে খসে খসে।
বয়সের ভারে ধরেছি লাঠি
সাধের সংসারও গেছে ভেসে।

যখন ছিল দেওয়াল চকচকে
যৌবন ছিল আলোকিত।
রঙের বাহারে উজ্জ্বল সংসার
সকলেই সদা পুলকিত।

চসমার কাঁচ হয়েছে মোটা
স্বপ্নেরাও হয়েছে ঝাপসা।
ঘরের মেঝেতে পাতা কারপেট
নিচে পোকায় বেঁধেছে বাসা।

মাকড়সা বাদুড় চামচিকি
ওদের সাথেই করি বাস।
চাকর বাকর যায়নি ছেড়ে
ছাড়েনি প্রভুত্বের আশ।

সকলেই আজ গেছে বেরিয়ে
ফেলে সব ভালোবাসা।
জীবনে কি খুব ছিল প্রয়োজন
এই বড় দালান কোঠা?
++++++++++++++++++++++++

অধর্মের কুরুক্ষেত্র

তারিখ :-২৬/১/২০২১

মানবতা করজোড়ে চাইছে ক্ষমা,
বিবেক হীনার কাছে।
মনুষ্যত্ব খাচ্ছে বেয়নেটের খোঁচা,
সত্য বিকোয় পাছে।

ধর্মরাজ ভুগছে প্যারালাইসিসে
দুর্যোধনের কারাগারে।
ধৃতরাষ্ট্রের জগৎ জোড়া সুখ্যাতি
অ-ধর্মের কারবারে।

গঙ্গা পুত্র গঙ্গার জলে গলা ডুবিয়ে
করছে পূর্ণ স্নান।
বিদুর লজ্জায় মুখ লুকিয়ে হাতে
ঢাকছে নিজের মান।

দুঃশাষণ চুলের মুঠি ধরে টানছে
সুন্দরী যুবতী নারী।
কর্ণ আসক্ত মাদকের কালো ধোঁয়ায়
কামের উদ্রেক ভারি।

কৃষ্ণ দ্বৈপায়ন অধর্মের কুরুক্ষেত্র
দাঁড়িয়ে খাচ্ছে ভ্যাবাচেকা।
দ্রৌপদী দৃঢ় বিশ্বাসে চাইছে বিচার
বোবা জনতার ভীড়ে একা।

ফিরে এসো বাঁশিবাদক

তারিখ :- ২০/১/২০২১

গলি থেকে রাজপথ, রুধি জমা থোকা থোকা।
বাড়ি থেকে বেড়িয়ে রাতে,ফেরেনি খোকা।
দিনে রাতে দুষ্কৃতি আজ,ঘোরে ফাঁক রাস্তায়।
দু'দিন পরেই রাস্তার ড্রেনে,মুখ বাঁধা বস্তায়।
ইঁদুরের মতো ওরা ঘুরছে,দিনে রাতে অলিগলি।
অত্যাচারে কত মায়ের,কোল করেছে খালি।
মা-বোনের ইজ্জত নিয়ে,ওরা খেলছে হোলি।
রক্তেমাখা শরীর হাতে বোমা,রোজ দীপাবলি।
জাতি ধর্ম নিয়ে ওরা,নেমেছে মারণ ব্যবসায়।
বুদ্ধিমান চালাক জনগণ,ওদের দিচ্ছে সায়।
বারেবারে পাল্টায় গদি,শুধুই ক্ষমতার আশায়।
ঠক্কর খেয়েও হয়নি শিক্ষা,তবুও ওদেরই চায়।
সমাজের নোংরামি,বাড়ছে হাজারো গুনে।
চোখ কান হয়েছে অন্ধ কালা,খবর দেখে শুনে।
বুদ্ধিজীবীরা হাঁটছে মিছিলে,করতে প্রতিকার।
হ্যামলিনের বাঁশিবাদক,তুমি ফিরেএসো একবার।
বাঁশি বাজিয়ে নিয়ে যাও ওদের,গুহার অন্দরে।
গুহার মুখ ঢাকিয়ে দাও, চিরকালের তরে।
আবার সুস্থ সমাজ উঠবে গড়ে,এই দেশের বুকে।
সন্তান যতই বাহিরে থাকুক,রাতে ডাকবে মাকে।
****

আধুনিক সমাজ

তারিখ :- ৬/১/২০২১

বোমার আঘাতে ছাল ছাড়ানো সমাজের
 দগদগে ক্ষততে জন্ম নিয়েছে সুক্ষ্ম কীট।
সরকারি হাসপাতালের অপারেশন থিয়েটারে কাৎরাচ্ছে,
ডাক্তার সঙ্গী শয্যায় নাক ডেকে দিচ্ছে ঘুম,
পুলিশ ডাণ্ডা উঁচিয়ে ছুটছে পাগলের পিছনে,
যুব সমাজ ইন্টারনেটে গেম আর প্রেম নিয়ে ব্যস্ত,
মন্ত্রীরা করছে বৈঠক,বসবে কমিশন,
কোরামিন দিয়ে শুধু কোনোমতে টিকিয়ে রাখা,
সমাজসেবীরা মলম লাগাতে ব্যস্ত তাতে,
বিদগ্ধ যন্ত্রনায় চিৎকার করে আধুনিক
সমাজ,বাঁচাও,,,,বাঁচাও,,,,।
মুখ চেপে ধরে সমাজ বিরোধী,
হাত পা বাঁধা কুসংস্কারের অক্টোপাসে।
হাসপাতালের বেডে গ্যাস মাস্ক লাগানো,
কোমায় চলে গেছে আধুনিক সমাজ
কবে আবার ফিরবে চেতন,কে জানে।
****

মায়া

তারিখ :- ২/৯/২০২১

ছোট্টোখোকা মায়ের কোলে শুয়ে
নয়ন ভরে দেখছে আকাশ টাকে।
হঠাৎ শীতল বাতাস লাগল গায়ে
খোকা জড়িয়ে নিল আঁচল টাকে।

শীতল আঁচল গরম আভা
লাগল গায়ে চাঁদের প্রভা।
খোকার চোখে ঘুমের ছায়া
জড়িয়ে নিয়ে রাতের মায়া।

মায়ের গলায় মধুর ঘুম পাড়ানিয়া গান
শুনে খোকার জুড়িয়ে গেল মন প্রাণ।
ঘুমের ঘোরে খোকা জড়িয়ে ধরে মাকে
স্নেহময়ী মা-ও তাকে জড়িয়ে ধরে বুকে।

মায়ের পরশে বক্ষ সুধা
খাচ্ছে খোকা মিটছে খুধা।
পূর্ণিমা রাতে মেঘের ভেলা
সবই যেন মায়ার খেলা।

শুধু সময়ের ব্যবধানে

তারিখ :- ৬/১০/২০২০

বাবার সাথে যাচ্ছি বাজার আনন্দে খালি পায়ে,
হুক ছিঁড়া হাফ প্যান্ট যাচ্ছে খুলে বারাবারে,
দুটি বোতাম লাগানো বগল ছেঁড়া জামা
যাচ্ছে হাওয়ায় উড়ে।
এক হাতে প্যান্ট,হাঁটছি বাবার লুঙ্গি ধরে।
আব্দার করে বলেছি বাবাকে,,
'একটা ঘুড়ি কিনে দিবি',
ওড়াবো বিশ্বকর্মা পুজোর দিনে,
বাবা পকেটে হাত দিয়ে বলে,'বড় হ তখন কিনবি'
ছলছল চোখে হঠাৎ বাবার মুখটা দেখেছিলাম
লজ্জায় শুকিয়ে গেছিল।
বাজারের সবচেয়ে কমদামি আনাজপাতি কিনে
ফেরার পথে ঘুড়ির দোকানে দাঁড়িয়ে,, বলেছিল
কোনটা নিবি,
আমি বলেছিলাম ঘুড়ি নোবো না,দুটো লেবু লজেন কিনে
দাও,
দশ পয়সার সেই লেবু লজেন্স পেয়ে, ঘুড়ি কেনার খিদেটা
মিটে গিয়েছিল।
লজেন্সের একটা কামড়ে আধখানা ভেঙে বাবার মুখে
দেবার সময়ে দেখেছিলাম
 বাবার শুকনো মুখটা আনন্দে চকচকে হয়ে গেছে।
আর একটা মার জন্য রেখে ছিলাম।
সে-ই দিনের সেই অপার আনন্দ, বর্তমানে পিতারা পেলেও,
পুত্ররা পায় কিনা সন্দেহ আছে,
স্বচ্ছলতার ভেলায় ভেসে।

তাঁরই খেলা

তারিখ :- ৭/৬/২০২১

ভবসাগরে জীবন নৌকা ভাসিয়ে,
জাল ফেলি একমুঠো সুখের আশে।
ফাটা কপাল জঞ্জাল ভরা জালে,
শুধু দুঃখই উঠে আসে।
যত ফেলি জাল ঘোলা হয় কালো জল,
ঘামে ভেজা গাল রোদ্দুরে করে ঝলমল।
কথার মলম লাগায় সহধর্মিণী,
দেয় ভাগ্যের দোষ।
সংসারের গনগনে আঁচে পুড়ে,
বেড়ে ওঠে রোষ।
শিশু থেকে যৌবন খুঁজেনি সুখ দুঃখের চাবিকাঠি।
মনে ভেবেছি হয়তো এভাবেই জীবন যাবে কাটি।
যৌবনের স্পন্দনে আবদ্ধ বিবাহ বন্ধনে,
কাঁধে তুলে জোয়াল,মাটি খুঁড়ি সুখের সন্ধানে।
সুখের সন্ধানে বেলা শেষে,
কলুর ঘানি টেনে চলা।
যেখানেই যাই সান্ত্বনা পাই,
ওরে সবই তাঁরই খেলা।
""

বটগাছ

তারিখ :- ১১/৬/২০২১

এতোদিন যে বটগাছটি
 শীতল ছায়া দিয়ে প্রত্যেক আশ্রিতার ক্লান্তি দূর করল,
  পাখিদের খাবার দিল, দিল বুক ভরে অক্সিজেন,
   কেউ রাখবেনা স্মরণে।
গাছের প্রত্যেকটা ঝুরি নিজের অস্তিত্বকে টিকিয়ে আজ
পূর্ণাঙ্গ গাছ,
   নেই নাড়ীর টানও।
আজ নিজেকে নিয়েই সদা ব্যস্ত,
নিজেরও ঝুড়ি নামাছে মাটির দিক।
   ভুলে গেছে নিজের জন্ম বৃত্তান্ত।
ঘুন ধরা ফোফরা গাছে পাখিরাও বাসা বাঁধেনা,
ক্লান্ত পথিক আর বসেনা তার ছায়ায়।
প্রকৃতির নিয়মেই রোদ জল বৃষ্টিতে একদিন মিশে যাবে
ধরার বুকে।
তার পচা গলা দেহটা মাটিতে মিশিয়ে উর্বর করে দিয়ে
যাবে,
বাঁচার রসদ তার পরের প্রজন্মের জন্য।
"""

আত্মাবর্তন

তারিখ :- ২৪/৬/২০২১

এক আকাশ দুঃখ নিয়ে হাঁটছি পৃথিবীর বুকে,
অসাড় পাদুখানা পুঁতে যাচ্ছে স্বার্থের পাঁকে।

ক্লান্ত দেহ জানতে চাইছে আরও কতক্ষণ?
চিৎকার করে কাঁদতে চাইছে পাগল মন।

হৃদয়ের স্পন্দন বেড়েই চলেছে চাইছে বিশ্রাম,
তবুও নশ্বর দেহটাকে বয়ে চলেছে অবিরাম।

আরো আরো আরো চাই প্রাণ আছে যতক্ষণ,
এই চাওয়ার শেষ হবেনা জানি চলবেই আবর্তন।

আশি লক্ষ যোনি পার করেও মেটেনি আশা,
জানিনা কত কোটি বছর চলবে যাওয়া আসা।
""

এক পশলা বৃষ্টির পরে

তারিখ :- ২৭/৫/২০২১

এক পশলা বৃষ্টি এসে উৎকণ্ঠার, সস্তি এনে দিল।
বৃষ্টি পেয়ে উড়তে লেগেছে, বাদলপোকা গুলো।

মাটি থেকে হুহু করে উঠছে, বাদলপোকার দল।
ঘরের চালে পাখিদেরও ভীড় জমেছে,কোলাহল।

বাঁশ গাছের মগ ডালে বসে, ফিঙে ধরছে পোকা।
রাস্তার জলে কাগজের নৌকা, ভাসাচ্ছে খোকা।

মেঘ পরীরা হাসি মুখে,আকাশ পথে যাচ্ছে উড়ে।
পানকৌড়ি বকেরা, দল বেঁধে ফিরছে নীড়ে।

উঠানেও জমেছে জল,ঝাঁটা দিচ্ছে মা কাকিমারা।
হঠাৎ বৃষ্টিতে কাকভেজা হয়ে,ফিরছে কৃষকেরা।

গাছেরা দাঁড়িয়ে নিথর,টুপটাপ জল উঠানে ঝরে।
উঠানের কাদায় পা পিছলে,ছোট খুড়ী গেল পড়ে।

চেঁচামেচি হুল্লোড় খুড়ির, মরে গেনু মরে গেনু।
ছুটে গিয়ে ধরে তুলি খুড়িকে,ভাঞ্জিস আমি ছিনু।

এই নিয়ে বাড়িতে বেঁধে গেল,হুলুস স্থুলুস কাণ্ড।
এক পশলা বৃষ্টি এসে,দিনটা করে দিল লণ্ডভণ্ড।

আরো কিছু সুন্দর দৃশ্য লেখা,রয়ে গেল বাকি।
আবার যদি বৃষ্টি আসে কোনদিন,দেব না ফাঁকি।
!!!!!!!!!!!!!!!!!!!!!!!!!!!!!!!!!!!!**********!!!!!!!!!!!!!!!!!!!!!!!!!!!

আমি

তারিখ :- ১৭/৫/২০২১

জীবনের স্বপ্ন গুলো বারবার গড়ি
ভেঙে হয় খান খান।
ভাঙা গড়ার খেলায় মেতেছি আমি
জেনেও করি বিষ পান।
আশি লক্ষ যোনী পুনঃপুন করি পার
শুধুই কি যাওয়া আসা?
পাপ পূন্যের বিচার করে বিচারক
মুখে দেয় সুন্দর ভাষা।
মা দিয়ে শুরু মাটিতেই হবে শেষ
তবুও স্বপ্নের জাল বুনি।
ক্ষমতার লোভে শুধুই পালাবদল
নিজেকে ভাবি বড় গুনী।
মানুষের জন্যই তো নিয়ম কানুন
তার কতটা আমি মানি।
অহংকারে অন্ধত্বে নিজ স্বত্বা ভুলি
বিষভাণ্ডে খুঁজি হীরার খনি।
'''

অপেক্ষায়

তারিখ :- ২৭/৩/২০২১

যমুনার তীরে উদীয়মান প্রভাতের ভানু
রাঙা কপোল করে ঝলমল
আঁখিদুটি অশ্রুতে টলমল
রাধার মননে চিন্তনে শুধুই নন্দের কানু।

দোলপূর্ণিমায় নির্জনে খেলবে হোলি
রাধার মনে জেগেছে আকিঞ্চন
বসন্তের রঙে সেজেছে নিধুবন
দুই ননদিনি মিথ্যাই দিচ্ছে গালাগালি।

রাধার মতো আমিও হয়েছি পাগলপারা
তুমি রাঙাবে আবীর দিয়া
মাতাল হবে আমার হিয়া
কৃষ্ণচূড়ার বনে আমি আজ দিশাহারা।

গত বসন্তে মনের ভীতি রেখেছিল দূরে
এই বসন্তেও অপেক্ষায় আমি
ব্যথা জানে শুধুই অন্তর যামী
আর বিরহ জ্বালায় জ্বালিওনা মোরে।

কাল তোমারই আবীরের রাঙাবে মোরে
আজ সারাদিন স্বপ্নের ঘোরে
সুপ্ত ভালোবাসা জাগে অন্তরে
বসন্তের রঙে সাজাবে আগের মতন করে।

বসন্ত

তারিখ :- ১২/৪/২০২১

বসন্ত আজ ক্লান্ত অভিজ্ঞতার ভারে,
প্রেমের কথা বললে আর আসেনা এ ধারে।
হঠাৎই জীবনটাকে গুটিয়ে নিয়েছে
ভুগছে প্রেমের জ্বরে।
সারাজীবন উজাড় করে দিয়েছে ভালোবাসা
ফিরেছে শুধুই অনাদরে।
প্রেম টেম ছেড়ে এখন শুধুই একা,
আর খেতে চায়না প্রেমে তে ছ্যাঁকা।
আজ কাল ছেলে ছোকরা ভীষণ পাজি,
প্রেমকে গেম ভেবে ধরছে বাজি।
হঠাৎ প্রেমে মাখামাখি, হঠাৎই ছারখার,
প্রেমিকার হাতে প্রেমিক খাচ্ছে মার।
মন দেওয়া নেওয়া যেন জল ভাত,
এখন আর কেউ দেখে না জাতপাত।
আজ করছে পালিয়ে বিয়ে,কাল কোটে তে ডিভোর্স,
তাই দেখে বসন্তের আর হয়না আফসোস।
নানান রঙ মেখে বসন্ত আনন্দে থাকে মেতে,
পুরানো সব মনের ব্যথা চায় সে ভুলে যেতে।
রাধিকার ব্যথা, বসন্তের আজও জাগে মনে,
ডুকরে কেঁদে ওঠে মন ক্ষনে ক্ষনে।
আজ বসন্ত ভালোই আছে গাছেদের সনে,
বসন্ত আজ সবার প্রিয়, মত্ত আনন্দ দানে,
চির বসন্ত আসুক নেমে, এই মর্ত্যধামে।
""

খুঁজতে যেওনা আর

তারিখ :- ১৫/২/২০২১

গোলাপ গুচ্ছ নিয়ে ঘুরেছি পথে পথে
ভালোবাসার মানুষের খোঁজে।
ক্লান্ত পরিশ্রান্ত খুসকো চুলে দিন শেষে
ফোঁসকা পড়েছে জুতার ভাঁজে।
সকলেই আছে দামি গীফটের আশায়
ভালোবাসা টাসা কিছু নয়।
শরীরের খিদে মেটাতে ব্যস্ত সকলেই
 চলে শুধুই মেকি অভিনয়।
ভালোবাসার মানুষ চায় না গোলাপ
চায় শুধুই আন্তরিকতা।
যেটা হারিয়ে গেছে প্রেমের বাজারে
আর ফিরিবে কি তা।
ব্যার্থতায় লাল গোলাপ নোয়াল মাথা
সেটা দিলাম স্ত্রীর হাতে।
মহানন্দে জড়িয়ে ধরলো আলিঙ্গনে
চুম্বন দিল কপালেতে।
****

হোক মানুষের পরিচয়

তারিখ :- ২৩/৩/২০২১

মাথার উপর উড়ছে শকুন
দেখে, ফুটপাতে জীবন্ত লাশ।
কুকুরের সাথে খাবার টানাটানি
এতো,চলছেই বারোমাস।

কঙ্কাল সার মানুষ গুলো
তবুও, বাঁচার ছাড়েনি আশ।
হাড়জিরজিরে খাঁচার ভিতরে
শুধুই ,প্রাণ করে হাসফাস।

খাবারের জন্য ভিক্ষা মাগে ওরা
আর,আমরা হাতড়াই পকেট।
ছোট একটাকা খুঁজে বেড়াই
যদিও, পরনে দামি জ্যাকেট।

আমরা এটুকু যদি করি দান
যেনো, বাড়বে আরো মান।
ওদের দিকে যদি রাখি হুঁশ
তবেই,আমরা হব মানুষ।

অমাবস্যার আলো
তারিখ :- ১৭/২/২০২১

এই কদিন হলো,,,,,
আমি থাকি দোতলার পরে,
একটু চাঁদের কাছাকাছি।
জানলার ফাঁক দিয়ে যখন আসে
প্রেমের জোয়ারে ভাসি।
চেয়ে থাকি বিমুগ্ধ নয়নে,
উদাস মনে, চাঁদ মুখ পানে।
কখন কিভাবে ওঠে ওই আকাশের কোনে,
সবই আমার ছিল নখদর্পনে।
সন্দেহ জাগে মনে, ও কি জানে?
এই নীরব প্রেমের মানে?

হঠাৎ আসিল কালো শশি,নামি রাস্তার উপরে,
চোখে কালো চশমা, মার হাত ধরে।
কানাঘুষো শোনা যায় কারা যেন
চাঁদের আলো নিয়েছে কেড়ে।

সব জেনেছি, তবুও ভুলতে পারিনি
ধার করেছি প্রদীপের আলো।
অমাবস্যার রাতে আমি,
আজও খুঁজে চলি পূর্নিমার আলো।

আবর্তন

তারিখ :- ৬/১১/২০২০

প্রবীণের হাত ধরেই, নবীনের আগমন।
তবুও প্রবীণ পায় অনাদর,বোঝা সংসারে।
কলুর ঘানি টানতে টানতে,ক্লান্ত শরীর মন।
সুখের লাগি সংসারে, ব্যথা চাপে অন্তরে।

উদভ্রান্ত নবীন, বোঝেনা প্রবীণের ব্যথা।
মন যেথা চায় সেই দিকেই ধায়,মেলে ডানা।
মানেনা বারন, শোনে না কারোর কথা।
উম্মাদের মতো ছুটে বেড়ায়,অজানা কে জানা।

ছুটতে ছুটতে একদিন, পড়ে সংসার বন্ধনে।
কলুর বলদ হয়ে তখন,শুধুই ঘানি টানে।
নবীন আবার প্রবীণ হবে,ক্লান্ত মননে।
নবীন প্রবীণ ঘোরে,শুধুই সময়ের আবর্তনে।

www.ingramcontent.com/pod-product-compliance
Lightning Source LLC
LaVergne TN
LVHW091615170726
843492LV00007B/2431